El secreto de la seda

S. Merwin

Córdoba 2024

Título original de la primera edición americana: *Silk*, aparecida en 1925
© Traducción: Jörg K. Eisenblättter
Diseño y realización de la cubierta: Ferran Fernández
Ilustración de la cubierta: Hans Hermann Hagedorn
© Jörg K. Eisenblätter, editor - Los Libros de la Frontera
Calle Amargura, 39 bajos
14440-Villanueva de Córdoba (Córdoba)
T. 957 039 166 – 645 808 267
librosfrontera@yahoo.es
www.librosfrontera.com

Corrección y maquetación: www.errataloca.com
Primera edición: diciembre 2024

ISBN: 978848255262-0
Depósito Legal: J 522-2024
Impreso en Safekat

Contado a partir de los diarios de Jan Po de P'ing Ling en Shansi, discípulo de Ma Ch'ung en Lo Yang, y mandarín en el octavo rango con el botón de oro batido.

Los hechos tuvieron lugar hacia finales del siglo I d. C.; el So Chü de nuestro Jan es la ciudad de Yarkand. Trajano, el nuevo emperador de Roma, aún no había comenzado su conquista de Partia. China había alcanzado su pleno desarrollo en términos económicos, militares y artísticos bajo la joven dinastía Han.

Protagonistas de la historia por orden de aparición:

• El propio Jan Po, cuya gran aventura seguiremos.

• El general Pan Ch'ao, que recibió el honorable título de protector general por sus logros en la pacificación de la frontera noroeste y la apertura de la ruta de tráfico continental para promover el extenso comercio de la seda con Asia Menor y Roma. Murió en el año 102.

• Wén Fui, antiguo compañero de Jan Po, ahora secretario en el Yamén (el edificio oficial) de la ciudad fronteriza de So Chü, ahora Yarkand.

• Kan Ying, el «poeta de las cinco botellas» y primer explorador de los territorios persas, pero del que solo tendremos referencias de oídas.

• Hsü Shén, que compiló el primer diccionario de la lengua china; al igual que Wén Fui, compañero de estudios de Jan Po y su mejor amigo en la época de estos hechos. Vivía en Lo Yang, la capital de China en aquellos tiempos. Solo lo conocemos a través de la correspondencia de Jan Po.

• El príncipe imperial de la casa gobernante china, que inicialmente se disfraza de secretario y aparece bajo el nombre de Ch'ing Pao Ch'ien.

• El visir de Balkh, Ibn Shu Ber Din. El reino de Balkh limitaba con la antigua Partia, actual noreste de Persia.

• La reina de Balkh, Roxana, que afirmaba descender de Iskander (Alejandro Magno) a través de una hija del rey de Samarcanda.

- Mosulla, una joven esclava del harén del visir.
- Lu Ch'én Ch'ia, hijo menor del duque chino Lu.
- Ch'éng Po-i, general del ejército fronterizo del protector general Pan Ch'ao.

So Chü por la mañana

En comparación con los más de cien caravasares construidos por el general Pan Ch'ao a lo largo del gran camino del noroeste, esta posada parece bastante extraña. Está hecha de una especie de arcilla que se vuelve dura y duradera en el clima seco. Tiene dos pisos de altura y está cubierta con vigas de álamo sobre las que se han colocado cañas, y todo está cubierto con una capa de hierba. El espectáculo que he visto esta mañana al asomarme ha sido sorprendente, pero muy encantador, porque unas graciosas flores de primavera me han saludado desde todos los tejados vecinos. Yo mismo no dormí en el K'ang habitual de nuestras casas de huéspedes, sino en un marco de madera, que es de lo que están hechas las camas en este lejano país. En lugar de una colcha, encontré una alfombra que, aunque exquisitamente tejida, era de una riqueza bárbara en cuanto a colores y dibujos. Me parece que estas tribus fronterizas utilizan sus alfombras de muchas maneras diferentes.

Incluso la ventana es diferente a las nuestras, ya que no hay rejilla de madera ni papel de aceite, sino, simplemente, una gran abertura cuadrada a través de la cual, mientras escribo, puedo ver a lo lejos, hacia el oeste, los blancos picos de Ts'ung Ling, esa poderosa cordillera tras la cual se encuentran Yüeh Chih, Anhsi, Ta Tsin y el fin del mundo.

Recibí un aviso por escrito de Wén en el que me decía que el general Pan deseaba verme hoy al mediodía. Me sorprendió un poco saber, anoche a mi llegada, que el comandante en jefe está en persona en esta frontera tan remota, ya que su cuartel general se encuentra mucho más atrás, en el Este.

Ya han transcurrido ciento veintiséis días desde que salí a caballo por la Puerta de Ch'ien en Lo Yang y dirigí mi mirada hacia Shensi y más allá del gran desierto. Pasaron ocho días por retrasos inevitables, ciento dieciocho en el viaje real. He cruzado el mundo casi desde su extremo más oriental hasta el más occidental. Un gran cansancio ha caído sobre mi espíritu, pero mi piel es de bronce y mi salud excelente.

No sé muy bien por qué el viejo general Pan quiere verme. Ciertamente, era amigo de mi padre en P'ing Ling. Recuerdo haberme sentado en sus rodillas cuando era niño, y parece que él tampoco me ha olvidado. Y si realmente está interesado en la tarea que se me va a encomendar aquí, las oportunidades de ganar dinero y ascender en el escalafón se me presentarán. Mantendré mi boca cerrada, pero mis ojos abiertos.

Wén dice en su carta que quiere verme en el transcurso de la mañana. Tal vez quiera aconsejarme financieramente. Este largo viaje realmente ha consumido demasiado dinero. Wén lleva aquí más de un año y, por tanto, debería conocer bien las condiciones locales.

Cuando miro hacia atrás y veo las muchas impresiones obtenidas durante este inusual viaje, el comercio de la seda ocupa un lugar destacado entre ellas. La seda llega a Occidente tanto en bruto como procesada, pero los comerciantes con los que hablé en las posadas me dijeron que, con diferencia, la mayor cantidad se procesa en una tela fina, parecida a la gasa, como la que rara vez vemos en China. Al parecer, hay una tribu en algún lugar al otro lado de la frontera cuyas mujeres las llevan de esta forma. Sin embargo, no puedo imaginar qué clase de tribu es la que permite a sus mujeres vestirse con seda transparente. Incluso entre los hiung nu del norte, a los que pude observar, durante mi cautiverio de más de un año, tal exhibición sería considerada decididamente inmoral. Solo puedo esperar que esas mujeres sean una fiesta mayor para los ojos que las de los hiung nu y los wu sun. Sin embargo, lo más sorprendente de esta exportación es su escala. Me han dicho que dos tercios de los numerosos camellos que se envían al oeste a lo largo de la gran ruta de las caravanas van cargados de seda. El tercio restante transporta pieles (zorros y martas), porcelana y bronce, hierro fundido, trabajos de lacado, jade (que se encuentra en Khotan), incienso, ruibarbo, cubeb (fruto de la especia india similar a la pimienta) y otras cosas, pero gran parte de este comercio menor se transporta en burros, mulas y carros de bueyes. Acorté el aburrimiento del viaje tratando de estimar el tamaño de este comercio de seda. De acuerdo con mis instrucciones, viajé a la mayor velocidad posible, adelantando así constantemente a un gran número de camellos, que avanzaban a su manera sedentaria o descansaban en el borde del camino; a veces, las caravanas se componían de cincuenta o setenta y cinco animales, otras, de doscientos o trescientos. Los patios de las posadas estaban siempre llenos de ellos por la noche, y cientos solo podían encontrar sitio fuera de sus paredes. Cuando me recosté en mi *k'ang* en esa agradable tranquilidad que es una preparación para el sueño, noche tras noche los oí masticar, respirar y moverse. En los lugares más grandes, como Tun Huang y Char Chan, había miles de camellos. A menudo, me encontraba en mi poni o en mi palanquín todo el día entre sus filas, extendiéndose hacia atrás y hacia delante hasta donde alcanzaba la vista. Y, en efecto, casi todos los animales que se desplazaban hacia el oeste iban cargados de fardos de seda... Entonces me dediqué a contar los camellos que a veces nos encontrábamos a lo largo del día en nuestro camino de vuelta. Están atados en grupos de veinte a cuarenta con cuerdas, y cada uno tiene una anilla en su fea nariz. El número más bajo en un día fue de seiscientos veinticuatro, el más alto, de algo más de tres mil doscientos; la media en un periodo de veinte días no estuvo lejos de los dos mil.

De esto podemos concluir fácilmente que transportamos no menos de, digamos, cinco mil *tan**
de seda al día, lo que serían quinientos mil *chin*,** ¡y eso en un solo día! Por lo tanto, el valor de estas cantidades de seda en nuestras propias ciudades en un año asciende a unos cien millones de *maza*, incluso teniendo en cuenta el tráfico algo menor en invierno en esta zona desértica del norte. Aquí, en la frontera, el valor es aún mayor, y, probablemente, el doble, una vez que se han pagado todos los gastos de transporte y el comerciante del lugar ha sumado su beneficio... Y ahora no puedo evitar preguntarme qué clase de tribu puede ser la que paga más de 200 millones de *mazas* de plata al año por nuestra seda —no, mucho más, porque más allá de las montañas

---

* 1 *tan* = 60,5 kilos.
** 1 *chin* = 605 gramos.

habrá más gastos de transporte y ganancias inter-
medias—, y eso solo para mimar a sus mujeres. Los
hiung nu no podrían haber comprado ni la décima
parte de esto en los días de su poder, cuando el emperador Huang Ti construyó la Gran Muralla para
protegerse de sus incursiones y depredaciones. Por
cierto, el extremo occidental del mundo no está a
más de cuarenta días de viaje desde este So Chü.
Mientras escribo, tengo el mapa desplegado delante de mí y puedo calcular fácilmente la distancia.
¿Dónde, entonces, podría haber espacio para un
pueblo tan poderoso y grande? Y por qué no sabemos nada más de él… Su nombre es ta tsin.

Esta posada es también un centro del comercio
de seda. El amplio patio está repleto de camellos.
Los porteadores transportan constantemente fardos
de seda hacia y desde los almacenes de sus muros.
De hecho, según mis averiguaciones, todos los mercaderes que frecuentan esta posada se dedican al comercio de la seda… Quisiera aprovechar la ocasión
para señalar una curiosa costumbre. En las montañas Ts'ung Ling (los nativos las llaman Pamir) hay
un río que forma la frontera más occidental del
Imperio Han. Ningún súbdito chino puede cruzarlo. Esta es una ley, y los soldados del general Pan
impiden su transgresión. También existe la ley de
que nuestros comerciantes no deben asociarse con
los yüeh chih, la tribu que vive más allá de las montañas Ts'ung Ling. Por ello, nuestros comerciantes
llevan los fardos de seda hasta las montañas y los al-
macenan en los almacenes abiertos que se extienden
a lo largo de las orillas de ese río. Marcan cada fardo
con el precio que quieren por él en plata o alguna
otra moneda extranjera, como una curiosa concha
roja llamada coral, rubíes de considerable tamaño

y pureza, una goma parduzca llamada ámbar, en la que se pueden tallar joyas como con nuestro jade, tubos de un sabroso y dulce vino de uva, cajas de sultanas, que son uvas en forma seca, cajas de un extraño tinte llamado jena, barriles de miel (un líquido dulce), lana en sacos, granos de almendra, láudano, cobre y estaño.

Cuando nuestros mercaderes han marcado sus mercancías y se han retirado, los yüeh chih bajan a los almacenes, se llevan los fardos de seda (y quizás otras cosas) y dejan en su lugar los propios medios de cambio exigidos. Porque los hijos del Imperio Han son tan conocidos y tan respetados por su fiabilidad en todos los asuntos comerciales que nunca se duda de los precios ni del contenido de los fardos. Así ha sido desde el principio de este oficio, me han dicho, y así debe seguir siendo allí donde la gloria de la cultura china ilumina la noche bárbara.

Por la tarde del mismo día

Esta mañana he visto interrumpida mi escritura por la visita de Wén. Wén ha cambiado bastante. Ya no es el Wén Fui alegre y bromista de nuestros días de estudiante, sino un joven mandarín diplomático y reservado. Ya no se ríe como antes, sino que se limita a sonreír con un poco de condescendencia. Me acompañó a mi audiencia con el protector general en el yamén, y se acordó que le visitaría después en su piso para tomar un aperitivo.

Fue agradable ver los familiares carros azules de nuestro país que nos llevaron al yamén en la puerta de la corte. Los carros de los nativos de aquí tienen enormes ruedas de más altura de un hombre, que chirrían horriblemente. El recinto de Yamén, con sus tres puertas ceremoniales, sus muros adornados con dragones y sus tejados de tejas verdes meciéndose bajo los álamos, era como un trozo de hogar.

Mi acogida fue mucho más parecida a la de un apreciado amigo que a la de un subsecretario. No nos dejaron salir por la segunda puerta, sino que nos hicieron pasar por la tercera y entrar en el patio interior. Me di cuenta de que Wén estaba sorprendido, y su postura se volvió un poco rígida durante un rato. Él sabía tan poco como yo sobre por qué me habían convocado.

El general Pan me saludó calurosamente como hijo de su amigo. Empezaba a mostrar su edad, debía tener casi setenta años. Tiene el pelo y el bigote blancos, pero sigue manteniéndose muy erguido y se mueve y habla con una dignidad imponente. Es realmente una aparición majestuosa con sus túnicas bordadas, con su rubí de más de un pulgar en el sombrero y con la pluma de pavo real colgando sobre su hombro.

Tomó asiento a la izquierda, Wén y otro secretario se sentaron frente a él, mientras que a mí me asignaron el asiento de honor en el *k'ang* cubierto de cojines. Tras una breve conversación general, su excelencia jugó con su tazón de té y miró a los dos secretarios. Entonces, por supuesto, tuvieron que inclinarse y abandonar la sala. Hice lo posible por no dejar traslucir mi triunfo y me limité a inclinarme cortésmente. Fue un momento extraordinario para mí. Su excelencia dijo entonces:

—Me parece que entiendes un poco de huno.

Pensé en el precepto de Confucio: «El hombre verdaderamente noble es deliberado en su discurso», y como, naturalmente, quería causar la mejor impresión posible, reflexioné durante mucho tiempo y luego respondí:

—He tenido el privilegio de aprender algo de la lengua de los hiung nu y también un poco de la de los wu sun.

—Y, probablemente, no las encontraste muy diferentes.

—No, excelencia. Ambas son lenguas silábicas basadas en alfabetos simples de, presumiblemente, la misma raíz. Incluso las formaciones de las palabras son similares.

—Así es.

Obviamente, estaba tratando de hacer un juicio sobre mi persona.

—Para mi alegría, puedo informarte de que te he elegido para una tarea importante. Se dice que el obrero que quiere hacer un buen trabajo debe primero afilar sus herramientas, y por eso harás bien en familiarizarte con la lengua de los yüeh chih que habitan más allá de las montañas. Verás que no se diferencia del lenguaje del Sol Wu. La única diferencia significativa es la reciente mezcla con ciertos modismos de los anhsí que viven más al oeste. Un profesor vendrá a verte esta tarde.

Me incliné profundamente.

—Y ahora, me gustaría escuchar tu viaje —continuó.

—Ha contribuido mucho a mi educación, excelencia.

—¿De verdad? ¿Y qué ha atraído tu interés particular?

—La gran cantidad de seda que va a Occidente. Me dijeron que la mayor parte es comprada por un pueblo llamado ta tsin. Y, si me permite hacer una observación, su excelencia, no encuentro en mi mapa un lugar para un pueblo tan considerablemente grande.

Sonrió y dijo:

—Más allá de las montañas hay muchas cosas. —Luego, añadió—: Pero su comentario sobre el alcance del comercio de la seda habla de una mente reflexiva e inquisitiva. Este comercio constituye la piedra angular de nuestro gran imperio en Occidente. Sin ella, ni yo ni mis ejércitos estaríamos aquí, el gran camino a través del desierto se convertiría en una senda sin balizas ni posadas y expuesta a las incursiones y a los impuestos de cada pequeño kan nómada a lo largo del camino. La riqueza que el comercio de la seda aporta a China sería suficiente para mantener a todos los demás países del mundo, con una excepción, y este comercio de la seda es un completo monopolio, el mayor monopolio del mundo. El producto del gusano de seda, además, se limita a nuestro Reino Medio y a Khotan, y su origen real es desconocido por los demás países. Los yüeh chih y otros pueblos ya han hecho grandes esfuerzos para descubrir este secreto. Más allá de las montañas, se cree generalmente que la seda, al igual que el lino, se obtiene de una planta, o que es una fibra obtenida de las hojas de un determinado árbol.

Me temo que en ese momento mi rostro traicionó más movimiento del que se permite a los verdaderamente nobles de espíritu. Me quedé muy sorprendido y tenso.

—Cuando te des cuenta de todo esto —concluyó—, sin duda entenderás por qué debemos guardar nuestro secreto con la mayor precaución. Si las naciones occidentales comenzaran a producir su propia seda, China sufriría un golpe terrible. Por lo tanto, me vi obligado a dar la orden de matar a cualquiera que hable de la producción de seda al alcance de la gente de la frontera. Hay espías por todas partes. Los sirvientes nativos son difíciles de distinguir de los yüeh chih. Por lo tanto, lo mejor será consultar solo con uno mismo. No confíes en nadie, especialmente porque tu trabajo pronto puede ser de la mayor importancia.

Ante esto, jugó con su tazón de té. Así que me levanté y me incliné, pero, antes de irme, dije:

—Y creo que fue muy apropiado. ¿No dijo el Maestro: «No utilices tus ojos, tus oídos, tu discurso o tu movimiento sin seguir la ley interna del autocontrol?».

—Muy cierto —respondió su excelencia—. Creo que tu tarea no carecerá de interés, y espero que la gran altitud de esta región no tenga efectos adversos en tu salud o estado de ánimo.

—«El hombre virtuoso encuentra la alegría en las montañas» —cité rápidamente.

—«Porque el hombre virtuoso es silencioso» —respondió acertadamente a mi alusión.

Entonces me despedí con un estado de ánimo muy positivo.

Ahora, mientras escribo, me pregunto qué quiso decir con esa sugerencia de que otro imperio podría rivalizar con el nuestro. Es todo un misterio para mí...

Wen me esperaba fuera, en el carruaje. Me di cuenta de que estaba casi reventando de curiosidad. Mientras atravesábamos la ciudad, aproveché los pocos momentos de soledad tras las cortinas de mi propio coche para ordenar mis pensamientos y considerar la actitud que debía adoptar hacia Wén. Tuve que recuperar la compostura, pues solo el más humilde se deja excitar por todo.

La expresión de la cara de Wén me decía que ya encontraría una forma adecuada de interrogarme sobre la audiencia de la que había sido excluido. Intentó engañarme confiándome secretos propios; incluso empezó a hacerlo antes de que pudiera despachar a los criados que nos seguían con regalos del general Pan casi pisándonos los talones. Entre ellos había dos botellas del delicioso vino del Yüeh Chih, que, por supuesto, puse inmediatamente en la mesa de la merienda, y tuve la certeza de que este vino le venía muy bien a Wén, porque podría soltarme la lengua. Sin duda, también bebió menos que yo.

—Me alegro de que empieces tu vida aquí con tan buenos auspicios —dijo mientras bebíamos—. Desde el principio está muy claro que vas a ser uno de los nuestros. La táctica del general Pan es hablar con cada uno de nosotros a solas. Al hacerlo, confía a cada uno un pequeño detalle de su política, y se espera que guardemos silencio entre nosotros. De este modo, los planes completos permanecen solo en su mente. Pero, por supuesto, —Wen hizo un elegante gesto con la mano— aquí todos dependemos mucho de los demás, pues no hay vida social fuera del yamen, y por eso poco a poco todos nos entendemos bastante bien. Probablemente, sabrás que cada yamen es una galería de susurros, y tendrás mucho que aprender como requisito para tu tarea particular.

Así empezó a tejer sus redes alrededor de mí. Y continuó:

—Hace más de un año que hay intriga aquí. He tardado varios meses en encontrar lo que me gustaría contarte en tu primer día, aunque debo admitir que el cuadro en mi mente no está en absoluto completo: una línea aquí, un poco de color allí, pero muchos huecos aún muestran seda sin pintar… Los yüeh chih, debes saberlo, son un pueblo ambicioso. En el pasado, no eran más que una de las numerosas tribus nómadas; fueron expulsados hacia el oeste por la presión de los hiung un, y allí encontraron su prosperidad. Hace algunos años, su primer ministro, al que llaman visir, tuvo la osadía de pedir a una princesa de nuestra Casa Imperial que fuera la consorte de su joven rey. Por supuesto, el general Pan arrestó a sus enviados, les quitó sus regalos y los envió de vuelta a donde vinieron… Verás que Pan es, realmente, un gran hombre. Conquistó todo este vasto territorio del noroeste y puso orden en él. Organizó un imperio a través del cual los productos de millones de telares chinos fluyen ahora en un ritmo interminable. Como saben, el Gobierno le ha dado el título de protector general, y este honor es bien merecido. Si esta zona fronteriza fuera controlada por una mano más débil que la suya, probablemente perderíamos pronto nuestro comercio de la seda. Y eso sería un desastre para China. Habrá tocado este problema durante su conversación, pues todos hemos sido advertidos.

—Sí, yo también he sido advertido —respondí con cautela.

—Hace poco más de un año (más o menos cuando llegué aquí) que los yüeh chih parecen haberse acercado de nuevo a nosotros, aunque esta vez no directamente. El joven rey que quería una consorte imperial murió, sin duda envenenado. Los rumores sobre los yüeh chih nos llegan de aquí y de allá, debes saberlo. Ahora, su hermana, una muchacha de diecisiete o dieciocho años, es la reina.

—Me la imagino —intercalé—: ¡una pequeña huna regordeta con la cara plana!

Wen sonrió, volvió a servirme vino y dijo:

—Quizás. Sin embargo, la sangre de los yüeh chih ha sufrido desde entonces todo tipo de mezclas. Hace más de dos siglos que fueron empujados por las montañas… Pero continuaré. Últimamente, la atención de los yamen se ha centrado con bastante intensidad en las extrañas empresas de los yüeh chih, pues aún no sabemos la verdadera razón. No hay duda de que en este momento están haciendo esfuerzos considerables para llegar a la corte de Lo

Yang, pasando por encima del general Pan. Tratan de tomar el obstáculo de esta frontera con todo tipo de estratagemas. Francamente, no sabemos por qué, en realidad. A principios del invierno, aparecieron dos enviados con credenciales reales y toda una caravana de regalos, pidiendo de manera inocente permiso para viajar a Lo Yang y ofrecer allí sus regalos en persona al trono. Pan, por supuesto, los arrestó. No era la temporada del homenaje habitual. Por lo demás, sabían muy bien que nadie de los yüeh chih ni de los sogdianos ni de otras tribus fronterizas debía cruzar nuestras líneas. Los regalos de la Reina Virgen…

—¿Virgen? —exclamé incrédulo—. ¿Una huna de dieciocho años?»

Wen asintió.

—Es una creencia generalizada. Está custodiada como el más preciado rubí. Desde temprana edad ha estado rodeada de enfermeras y maestros y custodiada por eunucos.

—Realmente me desconciertas —dije—, pues hablas como si los yüeh chih hubieran desarrollado una cultura.

—Oh, lo han hecho en cierto modo. Ten en cuenta que conocieron pueblos superiores hace mucho tiempo.

Intenté centrar mi atención por completo en escuchar su historia, pensando que era mejor no dejarme sentir ajeno, por muy fantásticas que fueran sus afirmaciones. Porque conozco a los hunos, y sabemos que la madera podrida no se puede tallar.

—Entre los regalos había rubíes como el mundo no ha visto aún. Parece que tienen almacenes enteros de ellos. También había vasijas de bronce y arcilla con extraños dibujos alienígenas, y jarrones de plata y oro; el surtido era realmente inusual. Entre otras cosas, había cáscaras de huevo, aparentemente de un pájaro gigante, de un palmo de largo, y un desfile de plumas más hermosas que cualquiera de las nuestras, aparte de las de pavo real; sus delicadas puntas se enroscaban suavemente a lo largo del dobladillo. Me tocó la interesante tarea de interrogar al mayor de los dos enviados. Habíamos encontrado un cuadro de su reina con él, pintado con mucho arte en una pieza ovalada de marfil. Después de eso —dijo secamente—, debo decir que parece ser una joven encantadora. Pero aún más sensacional era un sello del tamaño de un pulgar que representaba a una joven cazadora matando a un tigre. Fue tallada con gran habilidad en una dura piedra azulada: calcedonia o una especie de zafiro. La imagen en miniatura estaba oculta en su cinturón, mientras que el sello lo llevaba bajo la ropa en una bolsa colgada al cuello. Por lo tanto, tenía que entregar un mensaje personal de su Reina a nuestro príncipe imperial… ¡Sí, el mensaje estaba destinado al príncipe!… Con esta artimaña, sin duda, la reina o su séquito esperaban determinar que el general Pan permitiera el paso de los enviados. Pero el general, por supuesto, actuó sin pensar más. El jefe de los enviados era un anciano amable con una enorme barba blanca en todo el rostro. Lo torturamos lenta y cuidadosamente, dejando su lengua hasta el último momento para que revelara sus órdenes secretas.

—¿Y los yüeh chih no se ofendieron por este trato a sus enviados?

—Oh, sí, lo hicieron. Incluso enviaron emisarios a los wu sun para persuadirlos de formar una alianza contra nosotros. Pero el general Pan también interceptó a estos embajadores y los envió de nuevo a casa. Entonces, la reina se rindió y envió sus tributos como siempre.

—El general Pan tiene un gran poder —comenté.

—Él también lo necesita. Pronto verás la necesidad de hacerlo. En Lo Yang nadie está en condiciones de hacerse una idea de las circunstancias que hay aquí. La gente de allí está cerrada a nuevas ideas. Si Pan no fuera el férreo protector general que es, un solo paso poco meditado podría significar no solo la pérdida del comercio de la seda para China, sino también la de un imperio. Intenta escribir a tus amigos en casa sobre los nuevos mundos y culturas extranjeras que encontrarás aquí. Sus respuestas te parecerán bastante extrañas. Porque, seguramente, pensarán que eres un cuentista o un loco. Incluso lucharán contra estas verdades, porque anulan por completo sus conocimientos adquiridos sobre el mundo. Pruébalo. Escríbele sobre ello a tu amigo Hsü Shen, cuya paciencia es aún mayor que sus conocimientos, y espera a ver cuál es la respuesta cuando la traiga una de las caravanas de otoño.

Wen sonrió a su manera, con una superioridad que empezó a parecerme un poco provocativa.

—Ya ves —concluyó—. Conocemos los hechos aquí, en el lugar. Aprendemos a sonreír y a decidir por nosotros mismos, y sabemos que Lo Yang haría mejor en no meterse en asuntos de los que no sabe nada. Puedo asegurar que esta es la actitud de nuestro general. Y tiene razón. Es mejor así, también para China.

No sabía cómo tomarme esta atrevida afirmación. Sonaba bastante creíble, pero todo aquello era demasiado para mí. Wen me sirvió de nuevo, y bebí a toda prisa. Descubrí que el vino calmaba mucho mis excitados nervios. Luego continuó:

—¿Tal vez el general Pan te contó sobre el viaje de Kan Ying?

¡Así me probó de nuevo! No lo dejé pasar. El vino me hizo sentir en ese momento un agradable calor en todos mis miembros, y decidí tomar la precaución de beber un poco más despacio.

—Fue el año pasado. Te acuerdas de Kan, ¿no?

—¿No te refieres al poeta de las cinco botellas?

—Sí, ese es. Se hizo un poco mayor y cambió un poco sus hábitos. Durante la lucha aquí, se convirtió en general de brigada. Debido a sus conocimientos literarios, el general Pan lo envió a través de la tierra de los yüeh chih us anhsi hasta el Mar del Sur, donde debía embarcarse hacia Ta Tsin, muy lejos. Estuvo en la carretera durante cinco meses. En el sur de Anhsi hay un gran puerto donde confluyen barcos de todo el mundo. De vez en cuando, se ven allí juncos de nuestros puertos del sur.

—¡Pero eso es una tontería! —exclamé.

—Oh no, mi querido amigo —dijo Wen de nuevo—. El propio Kan Ying me habló mucho de ello. Habló allí con un capitán de barco que llevaba ocho meses viajando desde Kin Say (ahora Hang-chou).

—¡Tonterías absolutas! —volví a gritar—. Cualquier persona con el más mínimo conocimiento geográfico…

Sonriendo fríamente, Wen me interrumpió:

—Jan, pronto tendrás que aceptar todo esto como verdad, porque es la verdad. En China, el conocimiento de las condiciones geográficas reales del mundo no es muy bueno.

¿Qué podría decir a eso? Wen parecía estar en posesión de hechos, mientras que yo solo podía referirme a las tradiciones. Noté que, de repente, me enfadé mucho y empecé a beber de nuevo para calmarme. El fresco y delicado aroma de la fruta foránea aún se sentía agradablemente en mi lengua cuando el líquido hacía tiempo que se había abierto paso en mi estómago... Debo llevarme un poco de este vino a casa cuando regrese —pensé—. ¡Cómo le sabría al bueno de Hsü Shen! ¡Cómo se estimularía su imaginación y se animaría nuestra conversación, y qué alegres canciones cantaríamos! ¡Sí, nos lo pasaremos bien, Hsü y yo!

—El viaje de Kan no fue un gran éxito —continuó Wen.

Ahora parecía más lejano, una figura distante y sonriente cuya voz llegaba a mis oídos suavemente a través de un amplio espacio.

—En este puerto, que se encuentra cerca de la desembocadura de un gran río llamado Éufrates, le dijeron que el viaje de vuelta a Ta Tsin por mar requeriría muchos más meses, y que podrían pasar dos años antes de su regreso. Incluso se le aconsejó que llevara consigo provisiones para, al menos, tres años. En ese momento, Kan estaba, evidentemente, asustado, aunque después de su regreso explicó a los yamen que carecía de dinero y equipo para una empresa de tal envergadura... Sin embargo, lo que me interesa del asunto es lo siguiente: Kan habló de ello largamente, incluso sin cuidado, tomando vino. Cuando estaba en ese puerto marítimo, se encontró con dos enviados de esta misma reina de los yüeh chih que llevaban regalos y garantías de devoción y lealtad a nuestro príncipe imperial. Estos hombres fueron allí en barco, en uno de nuestros juncos de

Kin Say. Por supuesto, informé de todo esto al general Pan. Tal vez lo mencionó durante su audiencia.

No di ninguna respuesta.

—Los hechos que se han producido significan que la mano firme de nuestro protector en esta frontera aún no es suficiente. Los yüeh chih pueden ser demasiado astutos para nosotros. Todo esto es preocupante. Es posible que nos veamos obligados a ocupar sus tierras y arrasarlas. No merecen menos. Sin embargo, después de su tan honroso recibimiento, debo suponer que ya estas familiarizado con todo esto. Pero, en cualquier caso, permanezcamos juntos. Y puedo asegurarte que será un placer ayudarte en todo lo que pueda. En una conversación confidencial en tu despacho o en el mío, te contaré todo lo que sepa o llegue a saber. Los secretarios de aquí debemos permanecer juntos.

De nuevo, Wen me llenó la copa.

—Supongo que el general Pan te ha iniciado en tu tarea. ¿Habló de la seda o de los yüeh chih en particular?

Me llevé la copa a los labios y la volví a dejar, mientras mi mano temblaba traicioneramente. En ese momento, me pareció que no tenía por qué contarle a mi viejo amigo las cosas insignificantes que el protector había discutido conmigo. Cuando recordé el significado de mi audiencia privada, mi corazón se calentó naturalmente y mi pecho se hinchó de orgullo, y creí que podría hacer partícipe de mi felicidad a mi querido y viejo amigo. ¿Qué más había dicho su excelencia que no sería conveniente repetir? Al recordar esta escena ahora, recuerdo que estaba confundido por este rápido cambio en mis sentimientos. No me parecía del todo normal que sintiera tanto calor por Wen, después de no haber sentido nada parecido a un disgusto por él unos momentos antes. No estaba borracho en absoluto. Mi recuerdo de todo lo ocurrido es bastante nítido. Estaba a punto de relatar mi breve experiencia en el yamen cuando entró en la sala una joven que se quedó mirando por un momento al verme, pero luego sonrió tan descaradamente como un niño.

Wen la saludó amablemente, la llamó y le llenó la copa. Bebió el vino con alegría, riendo, y le tendió de nuevo la copa para que le sirviera una vez más. Este pequeño incidente me impresionó de tal manera que todavía no puedo encontrar una explicación clara. Repito que, definitivamente, no estaba borracho. Incluso ahora, mientras escribo, tengo la cabeza despejada y no siento ninguna de las molestias que suelen seguir a una verdadera borrachera. La mujer —o la niña, era todavía muy joven— no llevaba ningún velo. Y lo que no puedo entender en absoluto es que no parecía pensar nada de su comportamiento. La costumbre entre la gente civilizada de que una joven perteneciente a la casa de un hombre no debe aparecer bajo ninguna circunstancia cuando otro hombre está presente no parecía existir para ella en absoluto, a juzgar por su despreocupado buen humor. O no había oído hablar de ella o la ignoraba. Después de la segunda copa de vino, se rió bulliciosamente, y, debo admitir, melódicamente. Puso ambos brazos alrededor del cuello de Wen y apretó sus labios contra los de él de una manera extraña.

Esta escena, por supuesto, me pareció muy repulsiva. Me levanté y quise dirigirme a la puerta con una cortés reverencia. Sin embargo, al hacerlo, tuve que dar la vuelta a la mesa. En ese momento —debo repetir que mi cabeza estaba tan clara como ahora, ciertamente no estaba borracho—, mis piernas fallaron en su función habitual. En realidad, no hice un giro, sino que seguí recto, debí tropezar con la alfombra o algún otro pequeño obstáculo y me hundí en el suelo en el mismo momento. La joven se rio tanto por esto que no pude evitar lanzarle una mirada de castigo.

Entonces se soltó de Wen con un movimiento extraordinariamente ágil y libre —pues los pies de estas mujeres bárbaras son todos de tamaño natural, y no puedo decir lo torpes que parecen al principio— y corrió hacia mí para ayudarme a levantarme. Imagina: una mujer me coge del brazo en casa de un amigo, sin prestar la menor atención a las protestas de un hombre bien educado, y me ayuda a ponerme en pie. Me pareció notablemente fuerte.

Pero entonces ocurrió lo peor y más emocionante. Tras una mirada pícara a mi amigo —una mirada de total abandono—, me agarró por los codos, me mantuvo a distancia para escudriñarme (recordando, no sin cierto triunfo, que soy varios centímetros más alto que Wen, que es del sur), y luego me rodeó el cuello con sus brazos y apretó sus labios contra los míos de esa extraña manera que ya había notado antes. Inmediatamente, Wen saltó sobre ella y le hizo retroceder con evidente fastidio.

No diré más sobre esto. Naturalmente, llamé a mi sirviente Ying, que estaba esperando en la puerta, y le ordené que me acompañara a casa. Wen me siguió hasta la puerta y —lo recuerdo claramente— me susurró en voz baja:

—Todos llegamos tan lejos aquí. Después de estas criaturas temperamentales, nuestras chinas te parecerán bastante aburridas; ¡cuenta con ello!

Ni que decir tiene que le debía una respuesta a esto y me marché con dignidad. Ying me sujetó el brazo y me sirvió de apoyo, porque todavía tenía algún problema con las piernas.

Me siento en una mesa junto a la extraña ventana cuadrada. El propietario me ha puesto dos lámparas de bronce para que pueda trabajar por la noche. Cuando, de vez en cuando, hago una pausa y me tapo los ojos con la mano, puedo ver a lo lejos los picos blancos de las montañas brillando a la luz de la luna. En su sublime majestuosidad, parecen elevarse sobre la llanura como un símbolo de la protección celestial bajo la que se encuentra el reino de los han. Ante esta visión, mi espíritu se recupera un poco. El día me ha traído toda una serie de experiencias emocionantes. Solo con dificultad mis pensamientos pueden procesar todo lo que he visto y oído.

La idea de estas mujeres bárbaras de ojos redondos me preocupa. Por supuesto, ya las había visto en varios pueblos que tocamos en el viaje. Al principio supuse, naturalmente, que todas las mujeres que se mostraban tan descaradamente en público pertenecían a la clase más baja, pero ahora me parece que eso no es cierto en absoluto. Incluso las más distinguidas no deben atarse los pies, como lo hacen nuestras mujeres, por lo que no hay una marca externa de su estatus. Ni siquiera llevan las uñas largas. Y se mueven con la misma libertad que los hombres jóvenes. Solo eso ya es muy confuso. Si no despertaran, obviamente, por alguna atracción que no puedo comprender en absoluto, en los corazones de mis compatriotas una intensidad de sentimiento que debería reservarse realmente para el sentimiento superior de la amistad, ni siquiera mencionaría el asunto. Pero ya está claro que una de estas mujeres ha hecho imposible que Wen y yo podamos siquiera fingir amistad. Y si ya no existe la amistad, ¿qué será del sentido del honor entre los hombres, de la palabra franca y de la simple camaradería? En estas relaciones más finas no hay lugar para la mujer. Es una criatura primitiva por naturaleza, y sus tareas propias consisten en preparar la comida y dar a luz a las crías masculinas. Si se le permite la más mínima libertad, se convierte en una alborotadora… Cuando considero sobriamente que no solo nuestro ejército fronterizo, sino también el yamen, están entrelazados con los deseos femeninos y las intrigas de las mujeres, estoy bastante conmocionado. Si resulta ser cierto que estas criaturas poseen un gran atractivo personal o algún poder con el que excitan los sentidos y que es desconocido para las mujeres chinas, el peligro no hará más que aumentar.

Cuando vuelvan a casa, los hombres que se han entregado a esas cosas no encontrarán paz y serán infelices. Nuestra ordenada vida social les aburrirá, como sugirió Wen tan cínicamente. Su influencia será nefasta en todas las comunidades con las que entren en contacto, pues derribarán las nociones de orden y honor y socavarán la vida familiar. Incluso puede ser que en esta gran conquista del general Pan, que ha puesto bajo nuestro mando los territorios fronterizos del mundo occidental, esté el germen de un desorden como hasta ahora no se había visto en nuestro país… No puedo entender por qué el protector permite que sucedan estas cosas. Cuando tenga un poco de su confianza, plantearé el asunto muy pronto. Un decreto que haga que los pies de las niñas sean atados como en China podría ayudar a influir en la moral de las generaciones posteriores y actuar como elemento disuasorio del libertinaje del presente. Definitivamente, hay que prohibir que una mujer atractiva aparezca libremente en la calle o en presencia de hombres. También podría ser aconsejable matar a algunas de las hembras y dejar vivas solo las que sean necesarias para la reproducción.

Me resulta difícil encontrar la actitud correcta hacia Wen, porque no puedo ocultar bien mi desaprobación hacia su evolución. Se ha convertido en un hombre completamente diferente. No me gusta. Puede que incluso sea necesario, antes o después, que intente despertar en él un recuerdo de esa noble cultura de la que se ha convertido en apóstata en su corazón. ¿No dijo claramente Confucio: «Es una ley de la naturaleza que el hombre domine a la mujer y no le permita tener voluntad propia?». ¿No hemos sido educados según estos principios? «En la conversación, la mujer no debe adelantarse, sino seguir lo que es correcto. La conducta de las mujeres debe ser grave y mesurada, y siempre adecuada a la ocasión, ya sea al cuidar de sus padres, al atender reverentemente a su cónyuge, al ponerse de pie o al sentarse, en tiempos de luto o al huir de la guerra: siempre deben comportarse con perfecta propiedad. La cría de gusanos de seda y la confección de ropa son sus tareas más importantes. A esto le sigue la preparación y aplicación de alimentos para su cónyuge y la ofrenda regular de sacrificios, y todo esto debe hacerse en el momento adecuado. El tiempo restante puede llenarse con los estudios y las bellas artes». Si todavía hay un punto virgen en la naturaleza de Wen, tal vez se le pueda hacer volver a la cordura recordándole ciertos nobles preceptos de nuestra infancia y nuestra época de estudiantes. ¿No debería, al menos, hacer el intento?

Las mujeres parecen ser menos feas de lo que pensé en un principio. Por supuesto, los ojos redondos y los pies grandes perturban el sentido de la belleza sensiblemente. Hay que acostumbrarse a verlos. Sin embargo, los rasgos faciales suelen estar muy bien dibujados. También tienen una mirada muy viva y seductora, que puede ser peligrosa incluso para un hombre de mente seductora. También poseen una notable flexibilidad de movimientos, y Wen afirma que bailan, con una gracia inusual..., una especie de danza extraña y bárbara. No me importa verlas, excepto por el bien de la ciencia, por mi diario. En un viaje, por supuesto, uno debe practicar la observación, sin preocuparse por las extrañas costumbres de otros pueblos.

Me pregunto por qué apretó sus labios contra los míos de esa forma tan extraña. Me parece bastante desagradable y no lo voy a tolerar… Mañana hablaré con Wen y le recordaré que «en casa, un joven debe mostrar las cualidades de un hijo, en el extranjero, las de un hermano menor. Se le exige prudencia y sinceridad. Debe mostrar buena voluntad a todas las personas, pero solo unirse a los virtuosos. Cuando haya ordenado así su conducta, deberá dedicar su energía sobrante al estudio de la literatura». Sin duda, la vida de Wen se ha alejado del camino que señala esta noble enseñanza. De ninguna manera mantiene relaciones solo con los virtuosos, y parece haber abandonado por completo los estudios posteriores. Me pregunto si se ofendería si le recordara esa otra hermosa regla: «Presta atención a las cosas que dan placer a un hombre, entonces no podrá ocultarte cómo es en realidad».

La noche pasa. Hay silencio en la posada, solo se oyen los movimientos de los animales en el patio.

No sé por qué no puedo dormir. Mis ojos están muy abiertos y mi cerebro actúa con una alerta y actividad casi molestas… ¿Qué encantos puede tener una mujer que no conocemos en China? Mi imaginación me falla. Lo sabemos todo sobre las mujeres. No quiero volver a beber con Wen Fui.

Mis pensamientos giran esta noche en torno a los tranquilos placeres de la amistad. Miro la luna, que se hunde detrás de las montañas blancas y brillantes, y, ante esta visión, mi estado de ánimo quiere cristalizar en un poema. Se convierte en un poema sobre la amistad. Me viene a la mente Hsü Shen. Mi corazón se calienta cuando recuerdo las tardes que ambos pasamos juntos en Lo Yang y Chang Ngan, paseando a la sombra de las montañas o flotando en una barca entre las hojas de loto del hermoso jardín de Ch'ing Mu, o bebiendo vino de arroz en la hospitalaria casa de Ting Shao-i. Vuelvo a saborear el aroma del pato asado relleno de tiernas agujas de pino que coronó nuestra cena de despedida… Debo preguntar a Wen dónde puedo conseguir un poco de este excelente vino. Tal vez el posadero pueda decírmelo también. Sí, será mejor que me dirija a él. Creo que llamaré al poema: «Mirando los majestuosos picos de Ts'ung Ling, pienso en mi amigo Hsü Shen, que, como yo, ama las montañas».

Mi profesor es un hombre de piel morena y rasgos extraordinariamente finos, que viene de una región lejana del sur. Me dijo que los yüeh chih conquistaron parte de su país hace casi un siglo, por lo que conoce su idioma. Habla de ellos con respeto. ¡Respeto a una tribu de hunos! Todo es bastante confuso para una mente clara y ordenada. Según el sonido y los significados básicos, la lengua de los yüeh chih está estrechamente relacionada con la de los wu sun y la de los de hiung nu. Como todas estas lenguas bárbaras, es polisilábica, no conoce tonos, y, por tanto, carece por completo del gran encanto y la eufonía del chino. Tendré pocas dificultades para hablarlo. La escritura, sin embargo, es bastante inusual, pues se escribe de forma extrañamente cursiva y se basa en un alfabeto, y no en caracteres pictográficos. Las letras están formadas por un gran número de trazos rectos que terminan en lazos y ganchos, con muchos puntos y marcas extrañas. Como me dijo mi profesor, esto es, básicamente, la fuente de Anshi. Me he dado cuenta de que llama Partia a la tierra de Anshi. Llama Bactria a la tierra de los yüeh chih, y Baktra o Balkh a su capital (Lanhse en nuestro idioma). A Roma la llama Ta Tsin. De hecho, hay tantas palabras extranjeras que, realmente, necesito crear un glosario para explicar mis propias notas y evitar malentendidos.

Ya casi es de día. Un resplandor rosado apenas perceptible colorea los picos de las montañas. He pasado un día entero en esta ciudad fronteriza, ¡y qué día! Mi cabeza está zumbando. En cuanto termina el sublime espectáculo del amanecer, quiero irme a la cama. Qué bien en pedirle a mi profesor que no volviera antes del mediodía.

He escrito un nuevo poema, pues el primer intento no había resultado satisfactorio. Esta vez, he elegido la forma corta. Al releerlo, encuentro que, realmente, no le falta del todo el elemento de sorpresa y la fuerza de pensamiento que son deseables en esta forma. Si me sigue gustando cuando el sueño haya refrescado mi mente, lo copiaré y lo adjuntaré a una carta a Hsü. Dice lo siguiente:

A mi amigo Hsü Shen, lexicógrafo de Lo Yang.

Un pétalo cae, y con él cae la primavera.
El otoño no trae flores, ni pájaros, ni hojas verdes;
pero entonces bebemos y charlamos o jugamos al
sheng...
La mujer es solo la flor, la amistad es el fruto.

La carta a Hsü, escrita
unos días después

Amigo de mi juventud, a través de los vastos y áridos espacios de esta tierra, te saludo.

Tengo más cosas que contar de las que puedo meter en el estrecho marco de una carta. He visto cosas más extrañas de las que se pueden describir en nuestro lenguaje habitual. Vivo entre hombres con pelo en la cara y mujeres con ojos redondos y pies grandes que, sin embargo, son de una cierta belleza salvaje. Todos los días, al caminar por las calles de esta extraña ciudad extranjera, me encuentro con caravanas enteras de yaks, bestias de carga tan grandes como nuestros búfalos de agua, pero de pelo largo y áspero. Todos los días veo también camellos con una sola joroba. Al principio pensé que era una deformación, pero debe ser una variedad especial. Son más ligeros que nuestros camellos y solo pueden llevar cargas más ligeras, pero corren tan rápido como los perros. He oído que ciertas tribus guerreras los utilizan como montura, lo que les permite recorrer enormes distancias en las zonas desérticas a gran velocidad.

También tuve en mis manos un huevo que era casi del tamaño de mi cabeza, provenía de un pájaro de más allá de las montañas que tiene la mitad del tamaño de un hombre. La comida es tan extraña como todo lo demás. Tienen cordero y pollo, por supuesto, pero muchas verduras desconocidas. Por suerte, he traído mucho arroz y té, porque ninguno de los dos crece en esta zona. Las tribus nómadas de esta zona utilizan la leche de yegua de muchas maneras, similares a las de los hiung nu. Por ejemplo, la convierten en una bebida fuertemente fermentada de leche agria llamada *kim iss*, que es más sabrosa de lo que se cree. También es extraña la siguiente costumbre: llenan sus alforjas con cuajada y cabalgan con ella; el resultado es una sustancia harinosa con la que se puede alimentar a ejércitos enteros durante mucho tiempo sin ningún otro alimento. Y como sus ejércitos siempre llevan consigo un gran número de yeguas, tienen una movilidad asombrosa.

Te complacerá saber que mi recepción en el yamen fue de lo más halagadora, y que tengo perspectivas de un pronto ascenso. La buena fortuna a la que debo mi primer nombramiento en la corte no me ha abandonado en muchas aventuras insólitas desde entonces y sigue siéndome fiel, y los astrólogos locales me aseguran que mi vida seguirá siendo muy dramática. Espero todo lo que pueda pasar y solo pienso con cierta inquietud en la mujer de ojos redondos a la que todos los astrólogos se refieren con especial énfasis. No puedo imaginar que ninguna mujer pueda tener más que una importancia pasajera en mi vida. Y puedo asegurar que no he tenido la más mínima aventura amorosa durante todo mi largo viaje.

Nuestro viejo amigo Wen Fui también está aquí y está a favor, ya me ha ayudado mucho a familiarizarme con las condiciones locales. El protector general Pan Ch'ao también fue más que amable conmigo. Inmediatamente me encomendó la tarea de aprender algunos de los dialectos nativos, y puedo estar seguro de que mi tarea al principio no será insignificante, sino que consistirá en hacer de intérprete en ciertos asuntos diplomáticos importantes. El general Pan es un gran hombre. Ha conquistado y organizado por medios pacíficos un imperio mucho más extenso de lo que probablemente se conoce en Lo Yang. Pasará mucho tiempo, tal vez generaciones, antes de que la grandeza de sus servicios a la benéfica dinastía Han sea realmente reconocida y apreciada en nuestro país. Cuando tenga tiempo, les hablaré de la importancia casi increíble de las exportaciones de seda que cruzan la frontera: esa cordillera conocida como Ts'ung Ling, que es mucho más alta y escarpada que cualquier cordillera de China, créanme. El Ts'ung Ling domina la imaginación de todos aquí. Hay un secreto detrás —nadie sabe exactamente qué es—, tal vez sean nuevos mundos.

Sí, ¡nuevos mundos! Me han dicho que no es aconsejable intentar que los educados de nuestra patria —ese lugar de la única cultura exquisita y verdaderamente grande de toda la historia de la humanidad— comprendan lo revolucionarios que pueden ser los descubrimientos del general Pan. Pero tú eres un verdadero erudito, tu mente está abierta a todas las grandes verdades, por lo que puedo atreverme a hablarte de ello.

Pero debes usar toda tu imaginación y estar preparado para un *shock*… Primero desenrolla tu mapa de la tierra (yo tengo el mío frente a mí mientras escribo) y míralo con mucho cuidado.

Allí encontrarás marcado que el Ts'ung Ling se extiende no muy lejos del borde occidental de la tierra hacia el norte y el sur. Inmediatamente detrás verás dos estrechas franjas de tierra, Yüeh Chih y Anhsi, que se funden un poco y no están dibujadas con mucha precisión, y justo detrás de ellas el borde de la tierra, ¿no es así?

Pero ahora, querido amigo, debes dirigir toda tu atención a lo que quiero revelarte… aunque casi no me atrevo…, pero hay que decirlo… ¡Querido Hsü, el borde no está en absoluto! La tierra de los yüeh chih no es una franja estrecha, sino una zona bastante considerable. Se necesitan no menos de cuarenta días para cruzarla de este a oeste. Y más allá, la tierra de los anshi (Partia es el nombre en su extraña lengua; ¡el esfuerzo de traducir todos estos bárbaros nombres polisilábicos al chino me va a matar!). Es un imperio —¡si, un imperio!— de tal extensión que se necesitarían entre ochenta y cien días para cruzarlo.

Pero eso no es todo. Intenta seguirme con tu imaginación, aunque debo admitir que mi propia cabeza da vueltas como la de un borracho cuando escribo estas palabras desnudas. Que son, después de todo, de una importancia abrumadora. Porque detrás de Anhsi se encuentra el mayor imperio de todos, Ta Tsin, o Roma, del que aquí se habla con tanta ligereza, pero del que no hay el más mínimo rastro en tu mapa ni en el mío.

Por muy disparatadas que te parezcan estas afirmaciones, son hechos reales que conocen todas las personas autorizadas de aquí. Y estas verdades son de una importancia vital para nosotros, los miembros del Reino Medio, que tal vez solo se comprendan de forma general dentro de siglos, y son más significativas de lo que podemos imaginar en nuestras fantasías más salvajes. Porque en este

Ta Tsin vive un gran pueblo de considerable, o al menos comparativamente considerable, cultura. ¡Y esta gente compra nuestra seda! Parece que los yüeh chih la adquieren mediante el habitual trueque, o a cambio de ciertos medios de pago, para revenderla a la gente de Ta Tsin con un tremendo sobreprecio, ¡a precio de oro! Las monedas se acuñan efectivamente en Ta Tsin, y con excelentes diseños. El general Pan, cuyo servicio de inteligencia llega hasta los últimos rincones de la tierra, tiene en su poder varias de estas monedas. Las he visto y las he sopesado en mi mano. Creo que sueña con eliminar algún día al intermediario al que los yüeh chih deben su poder, y canalizar toda esta inmensa riqueza directamente a China... ¿Te preguntas por qué mi cabeza da vueltas?

No quiero cargar más tu cerebro por hoy. Algunas otras cosas, más pequeñas, las apunto en mi agenda. Tuve que constatar que incluso los hombres de cultura y de visión seria de la vida tienden a dejarse llevar un poco aquí en la frontera. Sin duda, esto se debe a la falta de una vida familiar normal y al trasfondo de una opinión pública orientadora. Resulta especialmente deprimente observar que tantos miembros de nuestra clase alta se relacionan con estas mujeres bárbaras bastantes libres. Me complace decirles que mi propio sentido de la responsabilidad es cada vez más profundo. Pienso incesantemente en las palabras de nuestro gran maestro: «Aquel que aprecia los valores morales y mantiene su mente libre de la pasión sensual, que sirve a sus padres con todas sus fuerzas y sabe sacrificar su vida por su príncipe, y que es sincero con sus amigos, tal hombre ha alcanzado el mejor y más alto grado de educación».

Del diario, probablemente
dos o tres semanas después

El protector general me llamó inesperadamente esta tarde. Wen me dio el mensaje. No expresó ninguna opinión personal. Ambos mostramos moderación en estos días.

Su excelencia me ofreció un asiento y fue directamente al grano. Es un hombre de espíritu extraordinariamente enérgico y directo, de ninguna manera un blandengue con uñas largas bien cuidadas, ¡oh no!

—Estuviste mucho en la corte de Lo Yang, Jan Po —comentó pensativo, y sus palabras sonaron más como una afirmación que como una pregunta. Incliné la cabeza—. Y tuviste la oportunidad de ver al príncipe imperial de cerca.

Volví a inclinarme y decidí —expresar, tanto en mi postura como en mis palabras, la franqueza y la honestidad por las que había luchado toda mi vida. Le contesté:

—Tuve el honor y la suerte, su excelencia, de estar entre los maestros del príncipe imperial durante muchos meses.

—Eso me han dicho.

Hizo una pausa y se sentó en silencio, mirándome. Este gran hombre de guerra, que tan a menudo parece muy directo, incluso tosco en sus modales, cuando se le compara con los estadistas demasiado refinados y, me temo, algo afeminados de la capital imperial, posee, sin embargo, el don de la relajación total. Tiene la costumbre de sentarse inmóvil a veces y observar a su contraparte inmóvil, igual que observamos las piedras en un juego de mesa. Creo que esto es parte de su método para probarnos.

—El príncipe es, según mis últimos informes, un joven muy imprudente —dijo al comenzar a hablar de nuevo.

Se me corta la respiración en la garganta. ¡Incluso este ser, que tan pronto será el bendito gobernante del Reino Medio y, por tanto, del mundo, parece ser solo un peón en su monstruoso juego político a los ojos de este poderoso guardián del Noroeste! Sin embargo, tenía mi cara controlada y, después de un momento, le contesté, sin miedo, a sus palabras:

—Lamento, su excelencia, que este sea el caso.

—¿Ha tenido que observar que tiene tendencia a descuidar sus estudios?

—Como antes, su excelencia.

—¿Sigue teniendo un carácter tan feroz?

Incliné la cabeza.

—¿Una juventud apasionada? ¿Incontenible y reacio a la más mínima compulsión?

Me incliné de nuevo.

—Ten en cuenta, Jan, que hace quince años que no voy a Lo Yang. En lugar de toda información directa, dependo de la observación de una mente crítica como la suya. Cuéntame con detalle lo que sabes de él. Ahora tiene diecinueve años.

—Sí, su excelencia. Un hombre adulto, alto y delgado en estatura, un hombre guapo.

—¿No hay herederos todavía?

—Lamentablemente, no, su excelencia. Solo las seis hijas, o quizás ahora sean siete. Sí, creo que una de las concubinas imperiales dio a luz a otra hija justo antes de que me fuera.

—¡Hmmm! Extraño. Y su padre imperial, ¿sigue vivo?

—Todavía estaba vivo el día de Año Nuevo, excelencia, pero está muy débil. Se decía que ni siquiera había reconocido al regente durante más de un año.

—Entonces... Ahora dime, exactamente, lo que sabes de la forma de vida del joven. Se dice que sus inclinaciones son algo violentas.

—Ay, su excelencia. Le gustan los juegos y las peleas de gallos. Ha enviado mensajeros hasta las Islas del Sur y Java en busca de buenos gallos de pelea. Es un maestro del tiro con arco y no se priva de participar en competiciones públicas con un disfraz bastante inadecuado. Sé que incluso ha aparecido en público en obras de teatro, pues su interés por el teatro equivale a una pasión. Últimamente, se ha divertido con otros príncipes y sus compañeros más cercanos disfrazándose de mendigos, sentándose en harapos y suciedad al borde de la carretera en Lo Yang y pidiendo limosna. Monta a caballo, pero, como puedo suponer, esto solo lo saben los que pertenecen a su círculo más cercano, y una vez participó en un combate público de lucha.

—¡Hmmm! ¿Ganó, entonces?

—Sí, su excelencia, yo mismo estuve allí como testigo presencial.

—¡Bueno, bueno...! También se dice que pasa mucho tiempo con distintas mujeres.

—A mi pesar, debo responder afirmativamente. Desde el establecimiento del harén principesco, el regente ha seguido el principio de hacer buscar en el Reino Medio muchachas de disposición particularmente modesta y prudente, supongo que con la esperanza de apelar al mejor lado de su naturaleza justo por encima de sus debilidades.

—¿Pero sin ningún éxito?

—Sin éxito, su excelencia. Apenas el otoño pasado, cuando le presenté un informe en el que le decía que las chicas de las Islas del Sur eran mucho más informales y animadas que las chinas, exigió inmediatamente que se hiciera una selección de entre ellas para el harén. El regente sabía cómo evitarlo, solo para pillarlo preparando un viaje clandestino a esa zona.

—¡Hmmm! Sí, ya veo… Y ahora otra pregunta. Me contaron que por esta época —verano u otoño— los yüeh chih hicieron un intento de mandar enviados a través del Mar del Sur con regalos y un mensaje verbal a su alteza. Como dijiste, dejaste a Lo Yang alrededor del Año Nuevo. ¿Has oído algo más de esa legación?

—No, su excelencia.

—Bien, te lo agradezco.

Esta inusual audiencia tuvo lugar hace menos de una hora. Mi corazón late más rápido cuando me doy cuenta de hasta qué punto su excelencia me ha tomado confianza. Por supuesto, me he esforzado por registrar la conversación palabra por palabra en mi diario. Son tan pocos los hombres de aquí que tienen una disposición científica que mi diario puede resultar más tarde el único relato preciso de la vida aquí en la frontera, así como de los emocionantes acontecimientos que seguramente seguirán.

He decidido guardar el libro bajo llave a partir de ahora. Haré bien en hacerme un pequeño armario en el que pueda guardar mis cosas personales. Sí, lo haré, y será mejor contratar a un artesano local para hacerlo que a uno del yamen. Mis pensamientos más íntimos deben permanecer en alto secreto. Un día podrían cortarme la cabeza por lo que aquí he expuesto como juicio propio sobre mi príncipe y futuro emperador. Probablemente, deba escribir un folleto en el que diga que, en caso de mi muerte, todas mis cosas serán enviadas a mi mejor amigo, Hsü Shen, que dispondrá de ellas como considere oportuno.

Una entrada, escrito quince días después

(Se han omitido algunos de los chismes del yamen y las observaciones muy detalladas sobre la lengua yüeh chih).

Su excelencia me ha vuelto a llamar hoy. Habló con mucha calma, como si solo me estuviera dando la orden de copiar un documento:

—Jan, partirás mañana por la mañana hacia Balkh, la ciudad más allá de las montañas. Lleva a tu sirviente contigo y toda la comida que creas necesaria. Tras la puesta de sol, se enviarán a tu posada bestias de carga y un fardo de regalos para la reina de los yüeh chih. Llevarás la tablilla de plata de mi Gobierno como credencial de visir o primer ministro de ese país, pero no tendrás ninguna autoridad diplomática, pues no concedemos a los yüeh chih el derecho a tal cargo. Esta instrucción —me dijo mientras me entregó un pergamino— te será pagada en oro por el tesorero. Simplemente, te presentarás allí como mi agente, y debes verificar los informes de que sus caballos son más grandes y rápidos que los nuestros. Estás autorizado a comprar una serie de sementales y yeguas de cría si la información resulta ser correcta. Negocia con cortesía y paciencia. Hay que tener en cuenta que algunos de estos pueblos lejanos tienen poco conocimiento de la grandeza de nuestra cultura y de nuestro poder militar. Ten en cuenta también que no tengo intención, por el momento, de enviar un ejército a las montañas, y no hagas ni digas nada que pueda provocar hostilidad.

»Hasta aquí tu supuesta misión. Tu verdadera tarea es averiguar las razones que llevan a esta joven reina persistente, o incluso a su visir, a intentar tener relaciones con el trono de los Han. Utiliza los medios que te da tu perspicacia. Haz amigos, mantén los oídos abiertos en todas partes y habla poco. Te espiarán con la mayor habilidad. Ten cuidado. Si en el plazo de tres a cinco meses no consigues aprender nada esclarecedor, vuelve e infórmame. Pero no intentes enviar mensajes escritos por las montañas. Buena suerte y buen viaje.

¡Eso fue todo! Así de simple. No tengo tiempo para escribir más. Difícilmente encontraré tiempo para visitar a un observador de estrellas. Hay uno que vive cerca de la puerta exterior del yamen. Estoy muy confundido.

Llevaré conmigo mis dos lápices y escribiré las experiencias del día cada noche. Aparte del Kan Ying con patas de conejo, soy, probablemente, la primera persona civilizada en penetrar en los secretos más allá de Ts'ung Ling. Es importante para todo el mundo que informe de todos los detalles de este viaje. ¿Qué ha hecho Kan Ying para enriquecer nuestro conocimiento?

En el pueblo de Boxai Guinbaz, en el Pamir o Ts'ung Ling

Me siento extremadamente incómodo. La posada no es más que una mísera cabaña en un pequeño pueblo de montaña. La suciedad y las alimañas son terribles. Después de diez días de extenuante viaje, estoy muy cansado y deprimido ante la idea de aventurarme más en estas primitivas zonas del oeste. Estamos a una altura tan grande que solo puedo respirar con dificultad. Ying está completamente agotado y es poco útil para mí. El paisaje es completamente árido. A pesar de la temporada de verano, hay nieve por todas partes, que sopla con el viento tormentoso y dificulta los desplazamientos. El agua hierve a una temperatura tan baja que mi arroz no puede cocinarse bien y el té no puede beberse. Pero sin un té bien preparado, no soy un ser humano. Solo hay matorrales y heces para el fuego, que llenan la habitación de humo y me hacen toser todo el tiempo. Mis ojos me duelen insoportablemente. Así que no puedo dedicar la atención necesaria a mi diario.

Aparte de innumerables aves acuáticas en los lagos y un tipo de oveja con magníficos cuernos, no he visto nada de interés. Las herraduras de mi caballo y mis estribos están hechos de tales cuernos. A lo largo de esta carretera de montaña yacen amontonados y, a menudo, inmóviles con sus cráneos blanqueados, y completan la impresión de desolación absoluta. Solo las caravanas de la seda que uno encuentra a lo largo del día nos recuerdan que, en algún lugar del lejano oriente, se encuentra una vasta y hermosa tierra llamada China.

Los nativos son de la raza más baja y vegetan en la miseria. Me pregunto si los yüeh chih de las llanuras no me causarán tampoco una mejor impresión.

Jauzgan, dos semanas después

Para mi asombro, tuve que descubrir que este fértil reino de Badashan, que he recorrido durante tres días, es un país con un grado de cultura sorprendente. Rinde homenaje a la reina de Balkh o Yüeh Chih, y esta tierra se encuentra cada vez más al oeste. En medio se encuentran otros reinos de los que nadie ha oído hablar.

Aquí se construye con piedra y mortero. Es una ciudad realmente extraordinaria. Los hombres llevan pieles. Las mujeres de la clase alta se cubren el rostro con un velo y llevan varios pantalones superpuestos, que se extienden sobre las caderas. Las caderas anchas se consideran aquí un signo de belleza. También tienen pies grandes, y ninguno de ellos piensa en lo grotesco de su aspecto. Todos parecen bastante satisfechos de sí mismos. Los niños de la calle se quedan mirando mi ropa como si nunca hubieran visto a un noble. Pero, por supuesto, ¡tampoco lo han hecho!

Los magníficos rubíes de los que tanto oí hablar en So Chü se encuentran en las montañas del norte. Y sus caballos son realmente mucho más hermosos que los de China. ¿Pero quién me creerá cuando se lo cuente en casa? Los cazadores utilizan aquí halcones blancos, que son muy rápidos y seguros en vuelo. Cultivan un excelente grano y exprimen el aceite de las nueces. Es una tierra de bellas montañas y valles, hermosas flores y mucha agua corriente. La gente no habla el idioma yüeh chih, así que tengo muchos problemas para hacerme entender. En la próxima oportunidad, quiero escribir más sobre este país.

Tai Can. Tras el paso de otra semana. Ayer crucé el borde de la tierra. Balkh. En la primera noche

¿Cómo puedo informar de forma sensata sobre todas las maravillas que he visto? Estoy tan abrumado que apenas puedo pensar con lógica.

Día tras día atravesé una llanura con un gran número de pueblos y granjas. Vi miles de casas de piedra maciza y grandes acueductos que transportaban el agua desde las montañas, regando los campos de una manera muy similar a la nuestra en casa. No cabe duda de que esta cultura es muy antigua, debió de existir muchos siglos antes de la conquista de Yüeh Chih. Existe una leyenda según la cual la Reina Virgen, a través de una hija del rey de Samarcanda, desciende de un glorioso conquistador extranjero del lejano Occidente llamado Alejandro, que parece ser un emperador, pero no de Roma, de la que oí hablar en So Chü, sino de un imperio igualmente poderoso llamado Grecia. No entiendo todo esto. El posadero, una persona muy habladora, ha estado hablando casi sin parar desde que llegué esta tarde. Incluso tuvo la audacia de decirme —a mí, un mandarín del Imperio Han— que Balkh era conocida, en lo que él remarcó con gran suficiencia como el «mundo civilizado», como «madre de las ciudades…».

¿Qué dirían a eso en Lo Yang?

Estoy profundamente conmocionado. Es una ciudad sobrecogedora, con grandes palacios del más puro mármol blanco y con enormes muros cubiertos de azulejos de color celeste, tan vidriados que los ojos quedan bastante deslumbrados por el azul brillante. Pero, aunque se llevan estas hermosas tejas para cubrir las paredes, no pude notar ninguna teja en ninguna parte. Se podría decir que no tienen techos, solo un techo plano de piedra o yeso, en las casas como en los palacios. Hay canales y calles pavimentadas, también amplias plazas públicas, grandes bazares y posadas señoriales. Detrás de los muros que rodean las casas de los ricos, pude espiar jardines colgantes con resplandecientes adornos de flores y follaje. En otros jardines hay edificios especiales cuyas pequeñas ventanas exteriores están cerradas y enrejadas con barrotes de hierro; solo pueden ser los harenes. Las caravanas de camellos pasan incesantemente por las calles atestadas de gente, al igual que cientos de estos caballos altos y delgados de pelaje brillante y cabeza orgullosa. Y dondequiera que mires ves seda. En el patio de nuestra posada se apilan fardos enteros. Es el lugar donde las caravanas de montaña se hacen cargo de ellos y los recargan en otros camellos para el largo viaje por tierra hacia el oeste. A continuación, deben atravesar un mar vagamente designado, ¡otro mar más!, para llegar a esos romanos cuya existencia aún me resulta extremadamente difícil de creer.

Esta es una ciudad de escuelas y, al parecer, incluso de cultura, y tiene un carácter tan cosmopolita que mis túnicas y bordados chinos (aquí los hombres no llevan ropa bordada) solo merecen una atención fugaz. De hecho, no se fijan en mí para nada.

Calculo que la longitud de las murallas exteriores es de sesenta *li*,* lo que supone un día entero de camino. Están construidos con tierra y grava, recubiertos de granito y coronados por sólidas torres. Los soldados que he visto en las puertas y en la ciudad llevan uniformes limpios, aunque peculiares, y muestran confianza en sí mismos y cierto entrenamiento. Esto me afecta bastante.

A última hora de la tarde, deambulé por un bazar de tal envergadura que incluso después de una hora no había salido ni una sola vez de debajo de los toldos. Los comerciantes, con todos los artículos imaginables, gritan sus mercancías en los puestos. El martilleo del latón produce un gran ruido, con el que se fabrican platos y vasijas con extraños dibujos y otros objetos utilitarios y ornamentales. También vi miles de alfombras con esos dibujos, a los que mis ojos se están acostumbrando y que incluso empiezan a parecerme muy bonitos. Sus colores son ricos y oscuros.

Mañana por la mañana me presentaré en la corte. Nada más llegar envié un mensaje al visir, que me contestó con prontitud y muy amablemente, informándome de que en cuanto amaneciera me alojaría en una casa particular, desde donde los guardias de palacio me escoltarían hasta el palacio de su majestad mañana por la mañana.

---

* Durante la dinastía Han (205 a. C.-220 d. C.), un *li* equivalía a 415,8 metros; actualmente, equivale a 500 m.

A la mañana siguiente

Me han asignado una casa cerca de la muralla norte de la ciudad. Está cerrada a la calle por un muro y tiene muchas habitaciones grandes; los muebles y los tapices son muy preciosos y hermosos. En el tejado plano hay una torre o pabellón cuadrado, amueblado con camas de descanso, mesas y alfombras. Se accede a ella desde una escalera cubierta sobre el tejado, o, más exactamente, sobre los tejados, ya que la casa se compone en realidad de varios edificios interconectados. Hay sirvientes, porteros, cocineros y jardineros, ya que detrás del grupo de edificios hay un jardín ornamental muy bonito, donde el agua cae en pequeñas cascadas plateadas desde un pabellón sobre una serie de piedras planas en terrazas. A ambos lados de este curso de agua hay una doble hilera de árboles muy altos y esbeltos de un género de álamo, con un sendero que pasa entre ellos, y, de vez en cuando, un banco de mármol.

Mi acompañante, un cortés oficial de la guardia de palacio, me entregó las llaves con considerable solemnidad; inmediatamente después de su despedida, me deleité con un recorrido por toda la propiedad. En un sótano bajo las habitaciones de la cocina encontré muchos cientos de botellas —de cristal— de su excelente vino, del que, sin embargo, solo haré un uso muy moderado. Sin embargo, fue agradable encontrarlas y saber que si la soledad de mi situación se vuelve insoportable, hay un medio a mano para aliviar la pesadez de mi tarea y despertar los recuerdos del hogar.

Sobre todo, debo recordar siempre que aquí tienen un control total sobre mí, rodeándome de todas las comodidades imaginables (lo que sin duda hacen con la intención de impresionarme con su gran y poderosa cultura extranjera). Los sirvientes son, ciertamente, todos espías. Por su comportamiento durante la presencia del oficial que me atendió muy amablemente, debo concluir que todos ellos conocen bastante bien la disciplina militar. Pensar en cómo el general Pan trató a los enviados de este país hasta el pasado otoño me deprime bastante. No habrán olvidado el incidente. Y no es en absoluto tranquilizador que esté a cincuenta y un días de viaje al oeste del soldado chino más cercano. Pero, por otro lado, debo tener siempre presente que la reina y el visir son, sin duda, conscientes, al menos en cierta medida, del poder insuperable de los Han. Sabrán lo que ha ocurrido con los hiung nu y los wu sun. ¿No fue su reciente intento de aliarse con los wu sun contra nosotros una admisión de su debilidad? ¿No han reanudado el pago de sus tributos, como corresponde a cualquier nación menor de la tierra? ¿Y no están ahora mismo, por la razón que sea, haciendo esfuerzos bastante sorprendentes para entrar en comunicación directa con el trono de los Han?

Aunque debo admitir que mi sueño de anoche no fue el mejor, no creo que tenga miedo. Sabemos que el hombre superior está libre de miedo. Solo la persona humilde se deja perturbar.

Quizá deba señalar en este punto que he encontrado otra habitación inmediatamente contigua a la mía y equipada con todos los lujos imaginables. Se entra por una puerta especial desde mi pasillo. Sus ventanas están firmemente enrejadas y dan al jardín. Al parecer, estaba destinada a las mujeres de la casa; por lo tanto, para mí solo tiene el significado de una rareza.

Por la tarde

Debo dedicar cada minuto libre a mi diario. En ningún caso confiaré todos los detalles simplemente a mi memoria, ahora que me encuentro, de repente, situado en un mundo de acontecimientos sorprendentes e importantes y negociando con los grandes de otros países como si fuera un príncipe. Cada pequeño incidente quiero escribirlo concienzudamente en cuanto encuentre el tiempo.

El sol estaba alto en el cielo sin nubes cuando el oficial de la guardia que ya conocía apareció para escoltarme hasta el palacio. Su idioma es una forma modernizada del antiguo yüeh chih, aparentemente hablado por toda la nación. Si escucho con mucha atención y miro sus labios, puedo entender todo lo que dice, y cuando haya practicado unos días, podré comunicarme sin dificultad. Me trajo uno de sus magníficos caballos, un animal orgulloso de su pelaje como la seda, y con toda la vestimenta ceremonial, el sombrero con borla, el botón dorado y la insignia bordada en el pecho, cabalgué a su lado. Ying, también en un hermoso animal, iba detrás de nosotros con un sirviente. Nunca había montado en un animal tan grande y brioso, y mientras galopábamos por las calles, no pude evitar mirar hacia abajo y preguntarme cuán profundo era el pavimento de piedra debajo de mí, y cuán duro era.

Atravesamos partes de esta gran ciudad que no había visto durante mi incursión de ayer. Me impresionó especialmente la magnífica plaza abierta frente al palacio real. Mide un *li* de largo y dos tercios de ancho. Tuvimos que abrirnos paso entre una gran multitud que se había reunido para ver un partido que jugaban entre ocho y diez jinetes, vestidos de diferentes colores, que golpeaban una pelota blanca delante de ellos con martillos de mango largo, obviamente intentando atravesar los hermosos postes de mármol que se alzan en cada extremo del campo. Había supuesto que algunas personas de la multitud se fijarían en mi túnica de seda con sus maravillosos bordados y en mi sombrero ceremonial poco usado, pero la verdad es que no llamé la más mínima atención. En cambio, mostraron una simpatía casi salvaje por el juego, acompañando el vuelo de la pelota con fuertes gritos cuando era conducida en una u otra dirección. Se me ocurrió que, si nuestro impetuoso joven príncipe imperial viera alguna vez este juego, nada le impediría montar en uno de estos grandes caballos para perseguir esa escurridiza bolita con un martillo en la mano. Creo que si pudiera persuadir al general Pan para que diera su consentimiento para que un equipo de estos jugadores viajara a Lo Yang con caballos y todos los pertrechos, podría darme una gran ventaja personal.

Los guardias de la puerta del palacio nos recibieron con respeto. Por cierto, la disposición de las puertas ceremoniales, esa importante característica arquitectónica que tiene hasta nuestro más insignificante yamen, está completamente ausente aquí. En cambio, llegamos directamente a un amplio patio. Pero entonces me di cuenta de que el actual distrito del palacio está rodeado por una serie de fuertes murallas, cada una de las cuales está adecuada de manera excelente para fines defensivos. La muralla interior, por último, encierra un gran complejo de edificios y jardines de una extensión y belleza como nunca antes había visto, aunque carezcan del buen gusto de nuestros jardines chinos.

Mi acompañante me mostró la residencia real, el pabellón de los cuarenta pilares, donde se encuentra el trono utilizado en las ocasiones solemnes, y los amplios jardines y edificios para la casa del visir, que se encuentran dentro de una muralla especial e incluyen otro gran palacio y un parque para su harén. Luego entramos en uno de los edificios de mármol cercanos a nosotros y, tras esperar un rato en una antesala, un sirviente (que me pareció un eunuco) nos condujo a un espacioso salón, compuesto en su totalidad por madera pintada, con incrustaciones de intrincados dibujos de oro y plata; incluso el techo está decorado de este modo, y aunque el dibujo debe parecer extraño y alienante para un ojo cultivado, su ejecución es excelente.

Nos rodeaban secretarios y cortesanos sonrientes. Nos acercamos a un pequeño grupo sentado alrededor de una pesada mesa de ónice con incrustaciones de oro, y luego los asistentes se retiraron.

Sin embargo, me incliné profundamente, teniendo en cuenta mi instrucción, sin arrodillarme ni tocar el suelo con las manos. Porque ante mí se sentó la Reina Virgen, sin duda alguna. Detrás de ella había dos eunucos. Pude notar con una mirada discreta que el hombre que estaba a su derecha y un poco alejado era bajo y gordo, llevaba una barba teñida con henna y tenía una cara hinchada tan sensual como cruel. Sonrió.

Mis ojos, sin embargo, se posaron en la reina. Todavía me emociono profundamente cuando me detengo en esta experiencia única. Aquí está sentado el joven ser que gobierna una nación importante y, hasta cierto punto —hay que admitir este hecho—, civilizada, de la que el mundo verdaderamente civilizado apenas ha oído hablar. Y yo era el primer chino admitido en su corte, mientras que ella, por su parte, nunca había visto a un noble del Imperio Han. Fue —y sigue siendo— un momento de no poca importancia. Nadie puede negar que podría ser un momento histórico. Sería poco sincero por mi parte negar el escalofrío que me recorrió —y que sigo sintiendo ahora— cuando fui claramente consciente de la importancia de este encuentro.

Con una especie de *shock*, me di cuenta de que su cara estaba completamente descubierta. Su forma era entre ovalada y redonda. La frente, baja y ancha, la nariz, recta, casi forma una línea con ella, con una depresión apenas perceptible entre los ojos. Estos son, naturalmente, grandes y redondos, y, al mismo tiempo, de un marrón radiante muy inusual. Nunca he visto unos ojos así en una mujer: tan orgullosos, inquietos y ardientes. Y la disposición casi masculina a la pasión implícita en ellos se acentúa aún más por los labios carnosos y una cierta plenitud alrededor de la boca, que, aunque no parece pesada, es lo suficientemente pronunciada como para sugerir que el visir, con todas sus intrigas, eunucos y guardias, tiene sin duda bastante trabajo con esta joven. A diferencia de nuestras damas chinas, llevaba poco o ningún maquillaje en la cara, aparte de las cejas fuertemente trazadas, y, por insólita que pueda parecer esta observación, el efecto de esta sencillez era muy atractivo.

Su figura, a pesar de su pequeñez, parece tan ágil y poderosa como la de las mujeres de So Chü. Sin duda, baila, monta y hace deporte de una manera extraordinariamente libre. Me pregunto si estos pueblos occidentales no se dan cuenta de que, al conceder tanta libertad a sus mujeres, ellos mismos han creado la situación que encuentro aquí: ¡una joven caprichosa y revoltosa que gobierna el trono!

Me impresionó especialmente su pelo. Es completo y hermoso, de un negro azulado brillante, y cuelga libremente alrededor de su cabeza hasta una línea que corre más o menos en línea con su bonita barbilla. Allí está cortada suavemente en todo su contorno, y cuando mueve la cabeza se balancea de una manera muy encantadora. Alrededor de su frente llevaba un anillo de oro con incrustaciones de extraños adornos de otro metal. Su joya para el cuello consistía en cinco o seis anillos dorados concéntricos que descansaban sobre sus hombros. El anillo exterior, que descansaba sobre su túnica bordada, estaba engastado con cincuenta o sesenta perlas, de tamaño uniformemente seleccionado.

Como no se levantó de detrás de la mesa, no tuve oportunidad de ver la parte inferior de su vestido, pero supongo que consistía en los habituales pantalones holgados y los zapatos acolchados y puntiagudos. Estirado sobre la mesa, bajo su mano inquieta, estaba el gato más grande y hermoso que jamás haya visto, con un pelaje largo blanco y negro que destacaba por todos lados.

Me dio una extraña sensación de autoestima cuando sentí —y también vi— sus ojos marrones errantes, esos ojos audaces, observando con curiosidad cada detalle de mi aspecto y mi ropa. Al principio no dijo nada, solo inclinó brevemente la cabeza en respuesta a mi respetuosa reverencia.

Entonces comencé a hablar y le transmití, con palabras sencillas, los saludos del general Pan Chao, también expresé el deseo de que el conocimiento del país y la compra de caballos y otras cosas en las que su nación superaba a la mía pudieran ser de provecho para nosotros. No sin orgullo, presenté la tabla de plata del general Pan. Entonces, Ying, que estaba casi muerto de miedo, se presentó con los regalos.

En ese momento, se me ocurrió el pensamiento más incómodo de que estos podrían decepcionar a la reina Roxana. Porque ante mí no estaba un gobernante inteligente y experimentado, sino una niña mimada que quería ser complacida. Incluso si el general Pan, cosa que no puedo juzgar, conoce algo del verdadero esplendor de esta corte, ciertamente no enviaría regalos tan valiosos que pudieran ser tomados como tributo. La posibilidad de tal malentendido es bastante inconcebible en su plan. De hecho, pude observar que la expresión de expectación de la niña se desvaneció de su rostro cuando unas bonitas joyas y una falda mandarina de muy bella factura salieron del paquete abierto.

Pero entonces, la situación dio un giro que no podía prever. La reina, que había estado acariciando al gato a su inquieta y rápida manera, levantó de repente la mano y le dio una orden. El gato rodó hacia el otro lado. A otra orden, se sentó como un perro entrenado. Ella se rió a carcajadas de una manera extrañamente corta y me miró directamente a la cara; con bastante descaro, habría dicho de una chica china.

—Se llama Darius —dijo, no impulsivamente, sino con la intención de ser amable a toda costa. De nuevo sus ojos me midieron. Su voz era agradable, más bien profunda y de color oscuro. Y continuó:

—Puede hacer otros trucos. Yo misma le enseñé todos.

En ese momento, el visir se adelantó y, con gran elocuencia, me dio la bienvenida oficial a Balkh, diciendo cortésmente que esperaba que estuviera bien alojado y que mi primera impresión de su pobre país no fuera desagradable.

El tipo me resultaba repugnante. La cabeza redonda como una pelota, su frente baja, con una nariz protuberante y respingona, y sus gruesos labios visibles detrás de la fea barba de color. Su nombre es Ibn Shu Ber Din. Su padre seguía siendo un esclavo de una de las tribus del oeste. Mi compañero le sonrió furtivamente, pero respetó con toda claridad la astucia y el poder de este hombre. Añadiré que la diadema de oro de la reina y el collar, de un valor realmente incalculable, no son obra local, sino que proceden de un reino lejano llamado Egipto, tributario del Imperio romano. Egipto también está, o estaba hasta hace poco, gobernado por una reina. El capitán mencionó algunos rumores extraños que circulaban sobre ellos. Estos regalos fueron entregados recientemente por los enviados romanos, que, según parece, siguen en la ciudad. Debo encontrar la manera de hacer averiguaciones sobre ellos.

Estaba a punto de...

Hay voces en el patio.

A primera hora de la tarde

El hombre superior, dice Confucio, no deja el camino de la virtud ni siquiera por un momento. En los momentos de angustia y confusión, se mantiene tan firme en ese camino como en los momentos de decisiones fáciles. Por muy difícil que sea la situación actual y por muy grande que sea mi confusión, sigo creyendo que he tomado la decisión correcta. Las voces de mi corte eran, por supuesto, las de los guardias de palacio que traían regalos para mí. Los llevaban en bandejas. Había botellas de vino de la bodega privada de la reina, un plato lleno de rodajas de melón seco deliciosamente dulce que ya sé que es una delicia especial de este país, más cajas de dulces y un anillo para el pulgar con un escarabajo verde seco engastado en oro. También me dijeron que el magnífico caballo que había montado estaba en mi establo como regalo personal del visir.

Y entonces, a una orden del capitán de la guardia, aparecieron dos eunucos, llevando entre ambos a una esclava cuyo rostro estaba velado y que también llevaba esos extraños pantalones. La esclava, dijo el guardia, era también un regalo de su excelencia, una chica virgen de su harén; esperaba que acortara las horas que, de otro modo, podrían parecer demasiado largas. Esta criatura iba acompañada de una sirviente sin velo. Entonces, los guardias y los eunucos se retiraron.

La esclava se quedó de pie con la cabeza ligeramente inclinada y me miró por debajo de sus cejas fuertemente trazadas.

Mi primer pensamiento, por supuesto, fue enviarla de vuelta al lugar de donde había venido. Me di cuenta de que Ying, que estaba junto a la puerta, hubiera preferido sonreír, así que le dirigí una mirada indignada. Por fortuna, entonces recordé inmediatamente que rechazar el regalo equivaldría a insultar al visir. El general Pan me había instruido para que tratara con tacto a estos extranjeros. Tenía que ajustarme a las costumbres del país, al menos en apariencia.

Por eso me dirigí a la esclava y le pregunté con digna contención:

—¿Cómo te llamas, hija mía?

Ella respondió:

—Aquí, oh mi amo, me llamo Mosulla.

Me pareció que debería haber dicho algo más, pero no encontré las palabras. Ella se quedó inmóvil y me miró fijamente.

Cuando noté la expresión de Ying, me di cuenta al instante de que no se podía confiar en él cerca de esas mujeres; así que lo envié con instrucciones de organizar una comida a tiempo. Luego conduje a las mujeres al pasillo y abrí la puerta que conducía a sus habitaciones.

Debo confesar que no tenía ni idea de cómo iban a seguir las cosas. La chica era de mi propiedad, mi regalo. A ella, esta situación le parecía bastante natural.

Cruzó el umbral, seguida por la criada, y luego se detuvo, como si esperara nuevas órdenes. Dudé.

Y entonces se me ocurrió de repente la idea —una idea muy buena, me parece— de que, si vino como espía del visir, podría serme útil también en esa calidad. Así que le pregunté:

—¿Has comido ya?

—No, mi señor.

—Entonces ven a comer conmigo cuando hayas terminado.

—Escucho y obedezco —murmuró.

Cerré la puerta tras ella, pero no con llave.

La comida estaba lista en la mesa cuando ella regresó. El velo y las pesadas túnicas pensadas para la calle habían desaparecido. No se diferencia de la reina, pero es un poco más ligera y sus rasgos son un poco más delicados. Su pelo no está cortado de esa forma tan extraña, sino que está enroscado alrededor de su cabeza. Su piel es como el terciopelo oscuro. Llevaba un sencillo collar de anillos alrededor de su cuello desnudo y de bonitas formas. Se mueve con una facilidad y una gracia inusuales, aunque al principio solo se deslizó tímidamente por el umbral y fijó sus ojos marrones en mí. Pensé que podría tener miedo, así que le hablé amablemente y le señalé el banco del otro lado de la mesa, esperando que entonces se sintiera más cómoda. Se acercó lentamente, se sentó tras otra tímida mirada hacia mí y luego puso las manos en su regazo.

Nació en una ciudad lejana llamada Mosul y fue robada de niña por los partos, que la vendieron o entregaron con su madre y su hermana al visir de los yüeh chih. Hace más de un año fue elegida para el harén, y desde entonces ha sido preparada y entrenada para el puesto de consorte de su excelencia. Conoce a los romanos y recuerda que, a menudo, llegaban a Mosul con grandes ejércitos y formidables máquinas de guerra.

Es inusualmente bonita. Solo me di cuenta de lo bonita que era cuando bebió un vaso de vino de la reina y su timidez se fue desvaneciendo, y cuando se dio cuenta de que yo tenía buenas intenciones con ella. Comenzó a hablar animadamente, e incluso se rió, como hacen las chicas jóvenes, ante mis intentos no demasiado inteligentes de animarla. Esto ocurrió cuando Ying había sacado los platos. Tiene brazos y manos especialmente gráciles, que mueve ligeramente cuando habla. Después de que habláramos durante unas horas, llegó a decirme que había habido una gran expectación en el palacio por mi llegada y que se habían hecho muchas conjeturas sobre su significado. Queriendo distraerla de mis asuntos, y, naturalmente, sospechando de que sus intenciones podían no ser buenas, le pregunté sobre el entrenamiento para el harén de su excelencia. Mencionó el baile, que a él le gustaba especialmente como entretenimiento en sus horas muertas.

—¿Seguro que tú sabes bailar? —pregunté.

—¡Pues claro!

—Me gustaría conocer los bailes de este país.

—¿Mi amo desea que baile? —dijo, y, en un instante, desapareció tras una elegante y profunda reverencia.

Realmente, no se me había ocurrido que debía bailar aquí y ahora. Pero cuando pensé en ello y me di cuenta de la difícil y, quizá, peligrosa situación en la que me encontraba, me pareció que no había nada malo en ello. Y ya que la chica había caído en mis manos, ¿no debía al menos adaptarme exteriormente a las circunstancias que surgieron inesperadamente? Estas consideraciones pasaron por mi mente.

Entonces, oí un suave tintineo, y la sirvienta apareció con címbalos en cada mano, anunciando que su señora estaba lista para bailar. Luego esperó a que avanzara a la cámara de las mujeres. Cuando lo hice y me puse cómodo (creo que logré ocultar mi excitación interior), la sirvienta se acomodó en el suelo contra la pared con las piernas cruzadas y comenzó a golpear los platillos suave y rítmicamente. El sol de la tarde proyectaba una luz suave y agradable en la cámara.

En ese momento, Mosulla se deslizó silenciosamente en la habitación y yo cerré los ojos. Sin embargo, inmediatamente los abrí de nuevo. ¿Por qué no? Estaba aquí con todos los derechos y no tenía que responder ante nadie. La situación era completamente impecable. Creo que mi confusión se debía a que estaba completamente desacostumbrado a todo esto. En cuanto a Mosulla, pareció sonrojarse por un momento cuando nuestras miradas se cruzaron y estar tan confundida como yo; en todo caso, bajó los ojos. Sin embargo, ni la ocasión ni su vestuario fueron motivo de prejuicio. No cabe duda de que llevaba el atuendo tradicional y habitual en este país para el baile, sea cual sea la impresión que pueda causar a los ojos orientales cultivados. Pero, tal vez —de hecho, ciertamente—, era la primera ocasión en que se mostraba así ante un hombre, y más aún ante un hombre al que había sido regalada ese mismo día, para bien o para mal, y esta sola razón era suficiente para explicar su confusión de niña.

El traje no consistía más que en un tocado de plata del que colgaban monedas y anillos tintineantes, corazas de plata cincelada sujetas con cadenas del mismo metal, un cinturón que sostenía una falda de seda translúcida y maravillosamente brillante, y anillos de plata tintineantes alrededor de los tobillos. Incluso los bonitos pies estaban desnudos. (Debo confesar que los pies de las mujeres naturales no me parecen grandes ahora). Cerré los ojos y dirigí mis pensamientos por un momento a todas las tradiciones sagradas para el noble.

—No bailarás ahora —dije entonces con voz firme.

Su cara se nubló tan rápidamente —como la de una niña—, que rápidamente añadí:

—Pero te haré un té.

—¿Es el vino de su país?

—En cierto modo lo es. Pero primero debes volver a ponerte la ropa, hija mía.

—¿No te gusto así?

—Sí, claro que sí. Pero el sol se hunde y no quiero que cojas frío. Me perteneces. —No había querido expresarme así, pero creo que su rostro se iluminó un poco—. Quiero decir que estás bajo mi protección, y que debo procurar que una chica tan hermosa no sufra ningún daño. ¡Deprisa! Quiero hacer té mientras te vistes, y te serviré yo mismo.

Salió de la habitación lentamente y visiblemente llena de dudas. La criada, me di cuenta, ya se había escabullido. Debo confesar que agradecí unos minutos de soledad para ordenar mis pensamientos. Ahora tengo claro que apenas sabía lo que le había dicho. Debió pensar que yo era muy estricto. Su trabajo es complacerme y no quiere fallar en eso... Cenaré solo esta noche. Eso es lo mejor. Hubiera sido más correcto no ablandar el asunto del té, pero ahora no puedo evitarlo. Pero, aun así, es poco más que una digna reprimenda. Seré bastante práctico y le hablaré solo de cosas muy generales e impersonales. Y comeré solo.

Hacia la mañana

Mi ventana da al jardín. Oigo el sonido ondulante de las pequeñas cascadas. El fuerte aroma de las rosas entra. Los álamos brillan a través de la pálida noche, y, detrás de ellos, el cielo oriental brilla rojizo.

Dormir no era posible. Sigo temblando de emoción, pero no sé si esta confusión no significa felicidad. Pero, ¿cómo es posible? ¿No sabemos por boca del Maestro que la felicidad está en aprender y en aplicar lo aprendido en la ocasión adecuada?

El peligro de mi situación nunca ha estado tan claro para mí como ahora, y me pesa. Hemos matado a sus enviados, ¿por qué no van a matar a los nuestros? Solo puedo confiar en el poder y la majestuosidad de los han, pero nuestro soldado más cercano está a cincuenta días de marcha. Sin embargo, no tengo el rango de enviado.

Si quiero conservar, aunque sea un poco de la compostura que nunca debe abandonar el noble, solo podré lograrlo con la ayuda de mis habilidades literarias. Si incluso escribir fuera peligroso, ¿qué podría hacer sin peligro? Mosulla, como los sirvientes, es seguramente una espía. Me tranquiliza pensar que a este lado del T'sung Ling nadie puede leer lo que escribo. Después de todo, estoy detrás del borde de la tierra. Esta noche he conocido el miedo.

Lo más desconcertante para mí es su religión. Es difícil imaginar qué puede tener que ver una esclava del bárbaro Occidente con esas cosas, pero una religión —de cualquier tipo— sí tiene. Por ejemplo, cuando estábamos bebiendo té y me disponía a verter el agua caliente que aún quedaba en la tetera (aquí fabrican muy bien esos objetos de bronce), me agarró por el brazo. No debería haber hecho eso, por supuesto, pero ahora tengo claro que lo hizo por miedo. Cuando le pregunté qué pasaba, me dijo que a los diablillos se les quema la cara si se les echa agua caliente al suelo. Eso fue todo lo que dijo. Debo añadir que el símbolo del pavo real, que se repite con frecuencia en los bordados de sus ropas, debe estar relacionado, de alguna manera, con la representación de su dios; pero ella se mantiene muy reservada en todos estos asuntos. Su tribu, dice, se llama Dasne.

La difícil situación en la que me encuentro ahora se la debo a mi propia debilidad. Este pensamiento es inquietante, pero es la verdad. Después del té la dejé, pues me atuve a mi decisión de comer solo. También parecía bastante razonable. Pero mientras me sentaba a comer en solitario, me sentía inquieto, igual que ahora. Creo haber visto el brillo de sus ojos marrones, el movimiento de su boca, la sombra de sus pestañas en las mejillas. Envié a Ying para que se asegurara de que comía bien, pero volvió con la información de que no quería comer.

Eso me preocupó, por supuesto. Despedí a Ying, fui a la puerta del baño de mujeres y llamé. Al no oír respuesta, entré y cerré la puerta en silencio tras de mí. No había luz, así que pasó un momento antes de que la viera agachada bajo la ventana, con la barbilla apoyada en el alféizar. Ella miraba fijamente el jardín oscuro. La llamé por su nombre.

Luego se levantó rápidamente y se inclinó hacia mí. Encendí una lámpara sobre las brasas del brasero e hice que se sentara en una cama de descanso. Su suave carita estaba mojada por las lágrimas. No sabía qué hacer. La había herido. ¿Pero no son todas las mujeres así, jugando con los sentimientos de su preceptor hasta encontrar su punto débil? Y no dijo Confucio: «Las personas más difíciles de tratar son las niñas y los sirvientes. Si los tratas como confidentes, se vuelven irrespetuosos; si mantienes la distancia con ellos, se resienten».

Es realmente difícil describir la escena que sigue a continuación de manera que los distintos incidentes aparezcan en el orden en que se produjeron. Pero si no puedo obligarme a mirar libremente a la cara de las cosas que suceden en el curso de mi vida, ¿cómo puedo alcanzar la verdadera claridad espiritual? Y si no puedo vivir como un ser racional, ¿qué será de mí? ¿Quién me mostrará respeto? ¿Qué hijo honraría mi memoria?

Recuerdo haber tomado sus manos entre las mías. Eran muy pequeñas, firmes y cálidas, la piel tan suave como un damasco de seda, y sus dedos se aferraban a los míos como niños perdidos. Volví a sentir esta nueva e inquietante debilidad con la que ahora parece que estoy luchando. Me habría encantado tomar su adorable cuerpecito en mis brazos, y eso habría sido mi derecho. Si no hubiera sido más que una de esas mujeres agradables, o incluso una chica de los barcos de flores, no habría dudado en ceder a mi estado de ánimo. Pero ella parecía, de una manera extraña —y ahora lo hace mucho más—, tener un derecho sobre mí. Es como si alcanzara mi alma. La verdad es que no sé cómo sucede o qué tiene que me atrae de tal manera y me preocupa al mismo tiempo. Nunca he conocido a una mujer tan atractiva. Es hermosa. Parece tan abierta de corazón y sencilla como una niña, pero sé que es experta en el arte del amor en un grado desconocido y también indeseable en China... Parece casi un sinsentido desperdiciar tanto pensamiento en una esclava con la que solo estaré por poco tiempo. Ya que ni siquiera podría pensar en llevarla conmigo a So Chü cuando regrese allí. Simplemente, no sé qué me ha pasado. Pero debo continuar con mi narrativa...

Debí rodearla con mi brazo, porque había enterrado su cabeza en mi manga y estaba llorando allí. Todo su cuerpo temblaba de sollozos. Apenas sabía qué decir o hacer. Recuerdo que le acariciaba el pelo mientras miraba la celosía de piedra de la ventana, de una belleza extraordinaria. Cuando se calmó un poco, le pregunté en tono amistoso qué le pasaba. Entonces contestó, aunque todavía no había controlado su voz, que probablemente no me gustaba.

Por supuesto, me alivió saber que su dolor no tenía una causa más profunda. Le acaricié la cabeza y, disimulando al máximo mi excitación interior —sin duda acrecentada por tener a la criatura entre mis brazos durante esta conversación— le dije que me parecía encantadora.

Uno de los rasgos más llamativos de este temperamento occidental —al menos en las mujeres de esta raza— me parece el cambio inusualmente rápido de sus estados de ánimo. Apenas había terminado mi frase cuando ella levantó la cabeza y me miró con entusiasmo.

—¿Así que quieres que baile? —preguntó en voz baja.

Estaba muy confundido, y dije que sí. Entonces se levantó de un salto y salió corriendo de la habitación. No había sido mi intención animarla así, pero las palabras me salieron naturalmente. En realidad, no me atrevía a rechazarla de nuevo. Indeciso, le dije que no quería tener a la sirvienta conmigo. Ella pareció tomar esto como una especie de explicación por mi supuesta frialdad de antes, porque se dio la vuelta sonriendo antes de desaparecer. Y me senté solo en el diván, mirando las sombras vacilantes de la gran sala. Estaba pensando en volver tranquilamente a mi propia habitación cuando ella volvió, vestida de nuevo con la tela de seda y las joyas tintineantes.

Ahora era inimaginable cómo podría haberme marchado de nuevo sin causar un nuevo dolor y nuevas dificultades. Hay un viejo dicho que dice que hay tiranía en las lágrimas de una mujer. Pero la verdad es que no quería irme en absoluto.

Se deslizó con gracia en el baile. Entendí muy bien para apreciar la alta habilidad que desplegó. Bajo su piel sedosa, sus músculos son como el acero y el hierro. Puede ponerse de puntillas y girar innumerables veces sin marearse. Cada músculo de los brazos, de los hombros y de todo el cuerpo parece poder moverse individualmente. Y todos estos sorprendentes movimientos se producen según un ritmo tan fluido y a la vez tan convincente como la poesía del emperador Lui Heng. Esta danza es, de hecho, otra forma de expresión poética. Me ha quedado claro que lo concibe así, como un arte elevado que solo puede abordarse con reverencia y practicarse con un corazón orgulloso. Aunque fuera una esclava, se movía con la soltura y la ligereza de una princesa, se reía alegremente de mí cuando pasaba zumbando y se entregaba de todo corazón y completamente infantil a una violencia que era casi como una intoxicación creativa. Olvidé por un tiempo que la intoxicación es algo mucho más primitivo que el estricto autocontrol, mucho más simple y mucho menos hermoso. Pero mi alma estaba esclavizada, y ella lo percibió y se rió. Fue un descaro por su parte, pero yo también me reí, ahora lo sé. Y cuando finalmente se hundió exhausta a mis pies y me miró con una tímida sonrisa de sus grandes ojos redondos, la atraje a mis brazos con un fuego no menor que el suyo y nos reímos juntos.

A última hora de la tarde hizo traer pan y lo partió para nosotros con gran seriedad. Entonces, ambos comimos. Estaba tan solemne que no pude evitar pensar que lo consideraba una especie de ceremonia nupcial. ¡Pero era una esclava! Por supuesto, guardé silencio. Mi propia emoción era tan grande y mi sentimiento por ella tan tierno que, simplemente, no podía ser antipático. Realmente, sigue siendo una niña.

Me alegro de que Wen Fui no esté aquí. No debe saber nada de esto.

Como por arte de magia, un poema toma forma en mi mente:

En mi ventana en Balkh,
durante siete meses viajé al oeste,
dejando atrás mi patria y mi amigo Hsü Shen,
con quien tantas veces he paseado bajo los árboles
en flor
en una feliz conversación sobre Ch'u Yüan y Sung
Yu.

Más allá del borde del mundo, en una ciudad mágica azul,
una chica bailó ante mí y se soltó el pelo.
Borracho de felicidad estoy. ¿Pero, por qué me duele el corazón?
Recuerdo la luz de la madrugada en la ventana de mi amigo Hsü Shen.

Pasajes seleccionados del diario
a lo largo de varias semanas

Casi siempre estamos juntos. Cuando tengo que salir, se aferra a mí, y luego espera ansiosamente mi regreso. A menudo tengo la impresión de que ha estado llorando. No puedo explicármelo. Su rostro refleja con tanta exactitud mi estado de ánimo que, a veces, me sorprendo fingiendo alegría, aunque no estoy en absoluto seguro de que no se dé cuenta de cada pequeña insinceridad. Nunca está pensativa, pero siempre arde como en un fuego interior, que debo admitir que tiene en mí un efecto de poción embriagadora. De hecho, siempre me siento un poco borracho, aunque no sea por el alcohol. Realmente no sé qué va a ser de ella. Me siento como si estuviera a la deriva en una corriente contra la que no puedo nadar. Siempre tiene que estar cerca de mí, aunque solo me acaricie la manga mientras escribo. Ya ni siquiera me atrevo a leer los clásicos, me acusarían en cada página. La verdad es que he perdido completamente la cabeza. A veces, nos sentamos en el tejado por la noche y contemplamos la ciudad iluminada por la luna. Otras tardes se coloca el velo y entonces salimos a pasear. A veces hay horas en las que estamos en silencio y nos separan mundos enteros. Incluso discutimos. Sin embargo, de repente, volvemos a acariciarnos apasionadamente.

Entonces nuestras almas se sienten estrechamente conectadas de nuevo, somos indiferentes a todo el mundo y hablamos íntimamente de esto y aquello. Me cuenta muchas historias sobre la reina. Al parecer, a principios de año se le encomendó ir a los aposentos reales durante un tiempo y allí fue una de las sirvientas más cercanas a su majestad. La reina Roxana debe ser una joven muy extraña, según estos cuentos. Durante un tiempo tuvo un león joven, que era su favorito declarado. A medida que el animal crecía, naturalmente surgió la preocupación de que no se convirtiera en un peligro para la reina. Sin embargo, las ideas del visir no causaron la menor impresión en la testaruda muchacha. Incluso cuando el animal había atacado y medio devorado a una de las esclavas, Roxana siguió alimentándolo y acariciándolo. Finalmente, el visir hizo que los soldados se lo llevaran y lo mataran; este incidente dio lugar a una relación bastante tensa entre ambos durante algún tiempo.

En otros aspectos, también Roxana demuestra ser una joven bastante aventurera y difícil de dirigir. Monta muy bien y le gusta cazar en el parque real. Como los eunucos son demasiado indolentes, no era fácil encontrar oficiales y cortesanos de confianza para estas empresas. La chica llegó a hacer una proposición en secreto a uno de ellos e ideó un plan para entrar en sus aposentos. Sin embargo, el joven oficial, que era un hombre de honor, informó inmediatamente al visir y pidió ser trasladado a un puesto fronterizo lejano. Sin embargo, se pensó que era más aconsejable matarlo. No se mencionó nada a la reina, ni ella habló nunca de ello. Sin embargo, siguió luchando, a su manera vivaz y a menudo ingenua, por una cierta medida de libertad personal.

Tiene una gran afición a la danza y tomó a Mosulla como profesora durante varias semanas. Mosulla dice que su majestad está extraordinariamente dotada y que asombraría a los conocedores más experimentados si pudiera mostrarse bailando ante ellos. Se dice que tiene un talento especial para manejar velos y chales de seda, que desempeñan un gran papel en estas danzas, según he podido comprobar.

A este respecto, me gustaría añadir que Mosulla tiene ciertamente una reputación como bailarina. Pude ver esto desde algunos detalles pequeños. Ha trabajado muy diligentemente para desarrollar sus músculos y perfeccionar su técnica. A menudo baila para mí, a veces con los velos artísticamente plegados que tanto le gustan a la reina. Poco a poco, en las más variadas figuras y giros, los retira hasta que su belleza deslumbrante se revela ante mí. Cuando estallé en gritos de admiración, afirmó, sin aliento, que me olvidaría por completo de su insignificante persona si pudiera ver bailar a la reina. Entonces siempre me río y la tomo en mis brazos y somos felices juntos.

A veces me cuenta pequeñas historias sobre el visir, Ibn Shu Ber Din. Al parecer, es una persona bastante terrible. Por fuera es todo suavidad y cortesía, pero trama innumerables intrigas, nunca revela a un subordinado lo que deja saber al otro, enfrenta a uno con el otro, y hace que cada pequeña envidia y lucha ambiciosa en la corte sirva a sus propios fines. Nadie tiene su confianza, nadie gana más que su oído. Su mente funciona con tanta precisión y rapidez que se cuenta que desciende de una raza odiada, los semitas. Esta raza parece distinguirse por una cierta agudeza y rapidez mental, y por ello es temida en todas partes por las personas más inofensivas de otras naciones. Es tan malo y sensual como parece. En su harén tiene más de seiscientas muchachas, y en todo el reino los eunucos siguen eligiendo aún más.

Es muy exigente en la elección de sus concubinas y se considera el mayor conocedor de mujeres y caballos. Sin embargo, todas las mujeres del harén viven con un miedo constante hacia él. Recurre al tormento a la menor ocasión o sin motivo alguno, pues está cansado de todos los placeres humanos normales y busca satisfacer sus sentidos con ideas siempre nuevas. En realidad, es, tal y como parece, un hombre completamente depravado y sin conciencia, cruel hasta el extremo y carente de toda virtud. Es un hecho extraño que, justamente estos hombres, lleguen a los lugares más altos en todas partes. Mosulla afirma que tiene la ambición de gobernar todo el mundo occidental o, como dice ella, el mundo entero. Tiene una mirada aguda y, a la hora de la verdad, una lengua inteligente. Me parece que muy pocas cosas escapan a su observación. Cree que quiere utilizar a la Reina Virgen como peón en su juego con las naciones y los imperios, porque Roxana es una joven extremadamente deseada y posee una dote que ningún rey podría pasar por alto. En definitiva, Ibn Shu Ber Din es una personalidad a tener en cuenta en Occidente. Ningún mortal puede adivinar sus pensamientos.

He observado con interés que los yüeh chih son tan entusiastas del teatro como nuestros compatriotas. A Ibn Shu Ber Din, en particular, le gusta montar espléndidos espectáculos para entretener a los enviados que están en la corte. A continuación, hace que cientos de chicas hermosas canten y bailen o se exhiban de otra manera. Su búsqueda de placer es bastante descarada, e incluso llega a instruir a las mujeres en las diversas artes que les sirven para divertirse. Su pelo es negro y rodea su cabeza en gruesos rizos; su andar es arrastrado, con los pies girados hacia afuera.

Me preocupa un poco que no se haya tomado la molestia de agasajarme de la manera tan fastuosa que se acaba de describir, pero, al fin y al cabo, no tengo ningún cargo oficial. En todas partes se me muestra la mayor cortesía, pero no más. Es evidente que los dos enviados romanos gozan de su total confianza, por lo que no tendrán la sensación de inseguridad personal que tan a menudo me preocupa por la noche y me impide dormir. Ocupan un palacio junto al del visir con un gran séquito.

A menudo hablamos de Roma. Mosulla dice que es el mayor de todos los imperios —nunca la corrijo cuando habla a su encantadora manera, sino que siempre la dejo continuar—, la población es extremadamente numerosa y toda la gente es muy educada y de carácter recto y amante de la paz. Se dice que hay innumerables ciudades grandes, y la capital es la más grande del mundo. Excelentes carreteras con estaciones para caballos conducen en todas las direcciones, lo que hace que los viajes sean rápidos y agradables. Los enviados de países extranjeros son recibidos con hospitalidad y conducidos con gran pompa. Abundan el oro y las piedras preciosas, incluidas las tablillas que brillan en la oscuridad y las perlas cultivadas con la saliva de los faisanes dorados. Tienen hermosas joyas de concha de tortuga —Mosulla posee un peine hecho con ella que perteneció a su madre—, así como coral y ámbar, también muchas fragancias raras, una especie de sustancia que el fuego no quema, sino que purifica, los platos más exquisitos del mundo, grandes malabaristas y magos, además, una especie de cordero que crece de la tierra, pues su ombligo está conectado a la tierra por un cordón a través del cual el animal se alimenta hasta que está completamente crecido. Sus casas son todas de piedra y sus palacios son indescriptiblemente magníficos. Sus ejércitos podrían conquistar el mundo entero, y quizás lo hagan. Sobre una de las puertas de Roma hay un reloj que muestra las doce horas del día (pues así es la división del tiempo en ese país) mediante la estatua dorada de un hombre que deja caer una bola de oro cada hora. Otra puerta está completamente cubierta de pan de oro. Conducen el agua a enormes distancias mediante tuberías y la dejan correr sobre los tejados planos en los días calurosos.

Mosulla balbucea así durante horas. Disfruto tanto del sonido de su voz que la escucho como si me lo creyera todo. Pero, ¿por qué no habrían de ser ciertas algunas de estas historias, ya que he visto tantas maravillas y rarezas con mis propios ojos en esta increíble tierra más allá del Ts'ung Ling? A menudo oía a su padre y a sus parientes hablar de estas cosas cuando era niña, y, como ya he señalado, ella misma ha visto los ejércitos romanos.

Sin embargo, parece saber poco de los enviados romanos. A veces los veo alrededor de su excelencia o en los partidos, o incluso en sus sillones. También me encuentro con sus sirvientes durante mis paseos por los bazares. Incluso tienen algunos soldados con ellos, tipos espléndidos con pelo rizado, caras curtidas por el tiempo y pantorrillas desnudas. Sus lanzas son largas y están bien fabricadas, sus escudos muestran bellísimas incrustaciones de otros metales y llevan espadas cortas de doble filo.

Su ropa también es extraña, pero mi mente adaptable ya se ha acostumbrado a ella también.

¿Qué va a ser de mí?

Realmente, no lo sé.

La reina tiene un gabinete de bronce con venenos fuertes y poco conocidos, cuya llave lleva siempre consigo. Algunos venenos consisten en polvos de varios colores y se guardan en cajas con gemas. Otros son líquidos y están sellados en pequeñas botellas de vidrio. Mosulla cree que este pequeño armario ha estado en posesión personal de los reyes y reinas de Balkh durante generaciones. Ella misma lo ha visto. Algunos de los venenos actúan instantáneamente, otros lentamente. Después de la pasión por el joven oficial que terminó tan infelizmente, que mencioné antes, la gente en el palacio temía que la reina pudiera recurrir a uno de estos venenos, pero su desenfrenada lujuria por la vida, obviamente, ha ganado.

Esta joven y testaruda Roxana se parece tanto a nuestro príncipe imperial en muchos aspectos que, con frecuencia, tengo que hacer comparaciones. Mosulla siempre quiere que le hable del príncipe. Así que, a menudo, le describo lo joven, alto y esbelto que es, cómo lucha y cabalga, y busca la aventura y dispara con los arcos más fuertes. También me pregunta por las mujeres de las Islas del Sur, a las que casi se escapó el año pasado. Creo que está tratando de averiguar todo lo que sé sobre estas mujeres y si realmente no las he visto. Me pregunta si es cierto que nuestras mujeres chinas son pasivas y poco vivaces, y se estremece al pensar en sus pies atados y su servidumbre doméstica. ¡Ella, una esclava, se estremece ante esto como se estremece ante las órdenes de su amo! No sé qué pensar de ella. En un momento adecuado le haré decir por qué la reina Roxana está haciendo un esfuerzo tan conspicuo para ponerse en contacto con nuestro príncipe.

Si Mosulla es realmente una espía, que me sea más útil que a Ibn Shu Ber Din. Todo eso está por ver.

Pero le digo, y esto es toda la verdad, que en toda mi vida, ni en China ni en el Norte, he conocido a una mujer tan vivaz y tan encantadora como ella. Luego baila, corre hacia mí y me abraza.

Me llevaron mis pertenencias a las cámaras de las mujeres. No podría llevar a Mosulla y a su criado a mis propias habitaciones, a las que tienen acceso Ying y los demás criados, y Mosulla no puede estar sin mí. A menudo me despierta por la noche y me toca el hombro o la cara para asegurarse de que no la he dejado. Después, sigue durmiendo tranquilamente como una niña pequeña, mientras que yo permanezco despierto durante mucho tiempo pensando en mi difícil situación. Hoy, al amanecer, la he visto dormida respirando tan profundamente como un animal joven y sano. Debió de percibir que la miraba, porque empezó a sonreír, murmuró palabras desgarradas y luego se acurrucó contra mí y me rodeó el cuello con el brazo; sin despertarla, le besé el pelo. El perfume que usa, un aceite hecho con las gloriosas rosas de esta región, tiene un efecto adormecedor en mí como un intoxicante. Con pena pensé en la despedida que algún día debía llegar.

Le gusta mirar los bordados de mis mangas, y tengo que explicarle cada símbolo. Se ríe alegremente de las casas y los árboles que parecen estar en el aire por encima de otras casas y árboles, y de la gente que, dice, camina sobre las cabezas de los demás.

Anoche, cuando las cortinas estaban echadas y la ciudad se había tranquilizado y se preparaba para el sueño, nos tumbamos uno al lado del otro y mantuvimos conversaciones familiares, como a ella le gusta hacer.

—¿Es mi amo un hombre rico? —me preguntó.

Tuve que decirle la verdad:

—No, solo soy un erudito y poeta de rango humilde. Si tengo suerte, puede que algún día adquiera posesiones e incluso fama. Pero eso es en el futuro.

Me conmovió que esta confesión, obviamente, no la molestara. Solo me abrazó más fuerte y se rió a su encantadora y suave manera.

—¿Escribirá mi amado un poema a su pequeña Mosulla?

—Ya lo he hecho —dije. ¿Cómo podría dejarlo pasar?

—¡Oh, eso es hermoso! Recítalo para mí.

Así que repetí los versos a los que había dado el título *En mi ventana en Balkh*. Ella escuchó atentamente. Al pronunciar los versos —un poco a trompicones, pues tuve que traducirlos de las melodiosas palabras y tonos del chino a su más escasa lengua—, no me pareció que reflejaran muy hábilmente la dulce melancolía del amor. Repetí los versos finales y los interpreté, creo, algo mejor la segunda vez:

> *Borracho estoy de felicidad. Pero por qué me duele el corazón.*
>
> *¿Recuerdo en la luz temprana en la ventana de mi amigo Hsü Shen?*

No dijo nada, pero se quedó muy quieta. Me pareció que la eufonía de los versos la conmovía, a pesar de mi inadecuada traducción. Y traté de encontrar palabras en la lengua yüeh chih para plasmar el breve poema que escribí aquella hermosa noche en So Chü. Entonces lo recité:

¡Cae un pétalo, y con él cae la primavera!
El otoño no trae flores, ni pájaros, ni hojas verdes,
pero entonces bebemos y charlamos o jugamos al
sheng...
La mujer es solo la flor, la amistad es el fruto.

Ella seguía sin hablar. Me sorprendió que mis humildes versos la conmovieran tanto. Busqué su mano, y, durante un tiempo, nos quedamos quietos, con sus dedos entrelazados con los míos. Luego, dijo con voz queda y oscura:

—Creo que no entiendo bien tus poemas.

No sabía qué decir a eso. Me parecía absurdo suponer que ella pudiera sentirse ofendida por el contenido de los poemas y, sin embargo, no podía descartar del todo esa idea. Porque no hay que obviar que, aunque sea sabia en muchos aspectos y tenga una experiencia vital superior a la de su edad, no puede considerarse un ser racional. Su vida, sus antecedentes, incluso su sangre, se interponen en el camino; y empiezo a darme cuenta de que incluso su religión está llena de superstición y de esos delirios sobrenaturales de los que tanto nos advirtió Confucio. Luego, de forma bastante brusca, dijo:

—Ya es hora de dormir. ¡Buenas noches, mi señor! —Y, tras un fugaz beso, se puso de lado y me dio la espalda.

Por supuesto que estaba un poco afectado. Me desperté en lo profundo de la noche y encontré vacío su lugar a mi lado. Ya ni siquiera hacía calor.

Cuando me di cuenta de que debía llevar bastante tiempo fuera, me preocupé mucho. Cuando ahora doy cuenta de mi estado de ánimo en ese momento, realmente tengo que preguntarme si no estoy ya tan íntima y firmemente unido a ella como ella a mí. Es muy probable. Sin embargo, lo que sí es cierto es que la vida me está remodelando y me están ocurriendo cambios profundos. Cada vez me asusto más cuando intento darme cuenta de lo que puede significar todo esto. Pero, ¿de qué sirve pensar en ese estado? Un hombre podría intentar pensar durante una batalla.

Entonces me di cuenta de que había una lámpara encendida en la habitación de al lado; me levanté de un salto y me acerqué. Estaba sentada en el diván con las piernas cruzadas, envuelta en una de mis faldas bordadas. A su lado, sobre una mesa, había utensilios de escritura.

En este contexto, debo señalar que los yüeh chih no escriben con un pincel como nosotros, sino con una pluma de ganso, cuyo extremo más grueso se afila y se parte con un cuchillo. Con esto, curiosamente, pueden escribir sus cartas con bastante pulcritud, aunque no se comparan con nuestra noble caligrafía.

—¿Qué estás haciendo? —exclamé aliviado—. Me di cuenta de que no estabas y me preocupé.

Sonrió un poco y señaló el trozo de piel de oveja en el que había estado escribiendo.

—He escrito un poema a la manera de mi pueblo —dijo, mirándome con ojos oscuros y misteriosos.

Tomé el pergamino. Pasó un momento antes de que mis ojos somnolientos pudieran ajustarse a su escritura. Me sentí incómodo bajo su mirada seria. Pero entonces se me ocurrió rápidamente, y a tiempo, que ella no debía notar ninguna insuficiencia por mi parte. Así que leí:

¡Este es mi amado y mi señor, oh hijas de Iskander! Su crecimiento es como el de la palmera datilera, su pelo es negro como las alas del cuervo, su cabeza es como la de un gran rey.

Sus ojos son como almendras, berilo y leche, sus ojos son como los de las palomas que se bañan en el estanque de la reina.

Sus mejillas son un jardín de dulces especias; sus sienes son pétalos de rosa de musgo; la fragancia de su aliento es como la de las uvas de Merv; sus labios son albaricoques maduros y granadas, y el paladar es como el vino dulce.

Sus piernas son pilares gemelos del mármol de Paros; su cuerpo es un campo de trigo al sol; su pecho es el baluarte de una ciudad poderosa; su cuello es una fuerte torre de marfil antiguo; su ceño es terrible como los carros de guerra de Ciro.

Huyo de mi amado y me cubro con sus vestiduras, y me estremece el frío que hay en mi corazón.

Le diré al ruiseñor que mi amado se ha alejado de mí y anhela al amigo de su juventud, y el ruiseñor susurrará al oído de su corazón mientras duerme. Dile, oh ruiseñor, que soy su jardín, que soy suya y que solo vivo de su sonrisa. Entonces vendrá a su jardín y comerá de los albaricoques y las uvas de allí y arrancará los tulipanes silvestres de mi corazón.

Por supuesto, no podía criticar su poema en ese momento. Creo que ni siquiera quería escuchar una sentencia. Mis ojos se llenaron de lágrimas, lo que no me gustó nada, y no pude hablar. Me arrodillé a su lado y ella levantó su cara hacia la mía y nuestras lágrimas se mezclaron en nuestras mejillas. Nuestras almas nunca estuvieron tan cerca. Ya ni siquiera nos acostamos, sino que observamos desde el diván cómo el sol salía detrás de los álamos.

Debo tratar de hacerle entender que no hay que escribir de forma tan pesada. En China, nadie se compadecería de tal exceso de emoción... Menos mal que China está tan lejos. No me atrevo a imaginar lo que mi madre y mis cuñadas pensarían de ella. El arte de expresar un sentimiento de forma indirecta es un libro cerrado para Mosulla. No conoce la compostura ni la distancia. El suave aumento de un estado de ánimo está más allá de su comprensión. Escribe como una bárbara versada en la escritura, en la tormenta de una emoción irrefrenable, y, sin embargo, sus versos me emocionan profundamente y me perturban hasta el fondo.

Tal vez, lo mejor sería instruirla en el arte de la poesía tal y como la practican los maestros. Primero le explicaré los entresijos del ritmo y la necesidad de formar un estilo propio a partir de obras maestras reconocidas. Luego, debo señalarle la dificultad de adaptar unos buenos versos de apertura y cierre al contenido del pensamiento y al estado de ánimo de un poema. Una vez que hemos llegado hasta aquí, llega el momento de decirle que en la verdadera poesía no se permite la ordinariez de pensamiento, la construcción de frases o la elección de palabras, y que hay ciertas cosas en la vida humana que no pueden expresarse por escrito.

Yo mismo entiendo a Mosulla, pero ¿quién más podría entenderla y respetarla? De hecho, el pensamiento me viene cada vez más a menudo ahora que ya no puedo vivir sin ella. Despertarme por la mañana y no encontrar a Mosulla a mi lado, sentarme y caminar solo, olvidar poco a poco su carácter alegre y también el olor a rosas que ahora ya se desprende de mi propia ropa, no soporto ni siquiera pensarlo. Verdaderamente, mi vida y todo mi ser han cambiado desde que salí de la Puerta de Ch'ien en Lo Yang y giré mi rostro hacia el noroeste. He tenido que abandonar muchas de mis ideas anteriores, y mis sentimientos son confusos. Me han incitado, y mi sangre corre más rápido. He conocido la intoxicación. Tal vez, después de semejante dicha, no sea feliz en ningún otro lugar, sino que pase mis días en China con la triste añoranza de la muchacha que me entregó su corazón en Balkh.

Pero quiero conservar el poema. Es Mosulla. Será lo único que me quede después de despedirme de ella. Wen Fui y los demás no podrán leerlo si lo encuentran después de mi muerte. Sí, me lo quedaré.

Cuando pienso que hasta hoy creía que era una espía, me siento avergonzado. Cuando duerma esta noche, con la cabeza apoyada en el brazo, el pelo enredado en su rostro aceitunado, le besaré la sien y rezaré a su misterioso dios para que me perdone mis dudas sobre ella. Entonces se girará y sonreirá y murmurará palabras desgarradas como un niño dormido, su brazo se acurrucará bajo mi cuello y se recostará allí muy suavemente. Pero hará que me duela el corazón.

Ya no me conozco.

Esta tarde, cuando llegué, estábamos tomando el té como de costumbre, y me estaba enseñando un nuevo baile. Siempre está pensando en nuevos pasos y ritmos, lo que le da mucho placer. Después,

se acurrucó junto a mí en el diván y sonrió feliz-
mente mientras su respiración se calmaba de nuevo.
Recuerdo que estaba tocando su falda de seda cuando me preguntó bruscamente:

—¿Es cierto, mi señor, que el hilo de seda lo
hila un escarabajo, como dicen aquí?

Se me corta la respiración. ¿Era solo su habitual cháchara de niña o conectaba una intención
con la pregunta? ¿Y cómo había llegado la gente de
aquí a pensar en un escarabajo de la seda, habien-
do supuesto siempre que la seda era una planta
como el lino o que procedía de un árbol? No pude
responder a su pregunta. Inmediatamente, recordé las palabras del general Pan Chao pronunciadas
en mi primera audiencia: «Me he visto obligado a
dar la orden de matar a cualquiera que hable de
la extracción de la seda al alcance de la gente de
la frontera». Y también otra observación: «Si las
naciones occidentales comenzaran a producir su
propia seda, China sufriría un golpe que no podría
resistir».

Mosulla continuó sin tapujos:

—Hay grandes hombres, mi señor, que paga-
rían una fortuna en oro por el secreto de la seda. Mi
señor podría ser tan rico como un rey. Podríamos
ir juntos a alguna tierra lejana y pasar toda nuestra
vida en la abundancia.

Luego, se arrodilló a mi lado y puso su mejilla
contra la mía.

Fue entonces cuando la abofeteé. Cuando, sin
hacer ruido, volvió sus grandes ojos tristes hacia
mí y presionó su mano sobre la marca roja que mi
mano había dejado en su mejilla, la golpeé de nuevo. Ella gimió y de nuevo la golpeé y la tiré al suelo,
donde yacía sollozando. De repente tuve el deseo de

matarla. La ira y un miedo terrible estaban en mi corazón.

Me apresuré a salir. Esta noche dormiré solo en las habitaciones que he dejado durante tanto tiempo. Pero, ¿qué he conseguido y qué voy a hacer? Los pensamientos más descabellados se agolpan en mi cerebro. Por eso sabe tanto de la corte real y de todo lo que allí ocurre. Por eso, a pesar de su infantilismo, es tan experimentada e inteligente. Ha sido enviada a mí para atraparme, para engañar a mis sentidos y luego para sonsacar el secreto de un imperio. La serpiente Ibn Shu Ber Din, con la nariz grande, la boca sensual y la barba de color rojo henna, la envió. Y, sin embargo, la quiero. Sé que ningún hombre la ha poseído antes que yo. Creo que estoy loco. ¿Qué debo hacer? Si la vuelvo a ver, tomaré su sedoso cuello con ambas manos y la estrangularé. Mataré a la mujer que amo. Y entonces me suicidaré, aquí, en esta remota parte del mundo, lejos de las tumbas de mis antepasados, donde ningún hijo de los han pondrá tiras de papel en mi túmulo. Aquí es donde moriré. Hay un veneno hecho de la savia de la planta de cáñamo que mata sin dolor. Iré al bazar y compraré una bolsita de este remedio. Entonces, en su habitación, a su lado, acabaré con mi vida. Porque ya no puedo seguir viviendo.

«Ven, mi señor, y toma mi vida. Es tuya. Pero antes, si quieres, conocerás todo el peligro que corres. Entonces moriré con gusto». Esto es lo que escribió. Encontré la carta bajo mi puerta.

Se arrodilló frente a mí con la frente en el suelo. En esta postura habló con voz ahogada:

—Oh, mi amado y mi señor, son los dos poderosos estadistas de Roma quienes desean conocer tu secreto. Sus ejércitos están listos desde Mosul hasta Ekbatana, en Media. Solo el reino de los partos se encuentra entre ellos. Al visir Ibn Shu Ber Din y a su majestad la reina les han prometido como recompensa por la semilla de la planta de la seda toda Partia hasta la Puerta del Caspio y el Mar del Sur, o, si se trata de un escarabajo, entonces por él. Este es un precio que solo el rey de reyes puede ofrecer. Para él quieren conquistar una nación poderosa y luego cederla. ¡Esta era mi misión secreta contigo, mi señor! Ahora te lo he contado.

No levantó la cabeza, sino que esperó el golpe. Pero no pude golpearla de nuevo.

—¿Por qué me cuentas esto? —pregunté con severidad.

—Porque soy tu esclava y no quiero a nadie más.

—¿Qué haría el visir si lo supiera?

—Me mataría, mi señor.

—Y también me mataría —respondí.

—Eso es lo que temo. Por eso te pido que huyas. En su cuadra están los caballos más rápidos. Nadie podría alcanzarte.

—Pero si huyo y te dejo atrás, seguro que te torturan.

Ella no respondió. Pero, al mirarla, supe que su alma extraña y salvaje, como la mía, había llegado al final de un camino glorioso, y que los verdugos del visir nunca cogerían a Mosulla con vida. Mi corazón se desbordó de ternura. Deseaba ardientemente, y era casi superior a mis fuerzas, poder tomarla en mis brazos una vez más, para que descansara contra mi pecho y sus ojos secos pudieran derramar lágrimas. Pero dije:

—Quiero pensarlo. —Y me dirigí a la puerta.

No se movió. Abrí un poco la puerta, pero luego me faltó valor de nuevo, y volví a mirarla. No pude soportar verla tirada en el suelo, y me apresuré a volver, la estreché en mis brazos y sollocé como un niño.

El rostro del oficial de la guardia de palacio al que recibí en mis habitaciones y al que ofrecí vino parecía una máscara burlona. Acababa de volver del bazar con la bolsita de extracto de cáñamo. Quiero llevarlo siempre conmigo en caso de peligro repentino. Hablé con Mosulla al respecto. Ella también opina que es mejor morir juntos que solos.

El oficial me informó con toda amablilidad de que una caravana muy importante partía mañana hacia Ts'ung Ling al amparo de funcionarios responsables de la oficina de correos de su majestad, que estarían encantados de recibir cualquier carta mía.

Le di las gracias. He charlado, e incluso he sonreído. No sabe que a estas alturas conozco el secreto de la política de Ibn Shu Ber Din. Supongo que querrán que me lleve cartas. Tal vez hayan capturado a compatriotas míos o a desertores —pues estos existen incluso en China— que les leerían mis cartas so pena de ser torturados. Quizás algunas de las mujeres de ojos redondos de Ts'ung Ling (So Chü) también estén a su servicio.

No puedo escribir al general Pan o a Wen Fui. Pero podría enviar una carta a Hsü Shen. ¡Qué lejos, qué lejos me parece ahora mi querido amigo! Sí, podría escribirle, aunque solo sea para hacer entrar en razón a mi torturada mente. Y se alegraría de recibir una copia del poema que no le gustara a Mosulla. Pero no, contiene una confesión de mi amor por ella. No lo entendería.

Se me ocurre que he cumplido mi misión y
que podría preparar mi regreso a So Chü. Pero soy
como los restos en el agua. Vacilo y dudo.

La segunda carta a Hsü Shen en Balkh

Amigo de mi juventud, en mi exilio, más allá del mundo de los hombres, pienso en ti a diario. Entonces, mi corazón se entristece y mis ojos se llenan de lágrimas.

A menudo intento escribir una carta que te dé una idea de las vastas dimensiones de esta parte occidental del mundo, pero habría mucho más que decir sobre ella de lo que puedo poner en el papel con un pincel. Sería una descripción de las llanuras estériles y desoladas, llamadas el Desierto Rojo, donde no prospera nada vivo, y de asombrosas grandes ciudades donde la gente habla lenguas extranjeras, y de oasis con exuberantes álamos y sauces, y de amplios campos con amapolas rojas en flor, geranios silvestres y tulipanes. En tal oasis se encuentra Balkh, no lejos de un río tan grande como nuestro «arroyo de las penas» que desemboca en un lejano mar del norte. En la ciudad vive tanta gente como en Lo Yang, es el centro del reino gobernado por una reina virgen y su todopoderoso ministro. Y me pregunto qué pensarás cuando te escriba que de estas dos capitales Balkh es la más majestuosa y hermosa. Se siente como una traición admitir esto, y trato de imaginar lo que sentiría si nunca hubiera viajado más allá de Lo Yang a Chang

Ngan, pero podrías haber viajado al fin del mundo y escribirme esas cosas. Es posible que entonces dude de tu cordura o de tu razón por primera vez, y, sin embargo, todo lo que te escribo es la verdad.

Sin embargo, la cultura de estos pueblos es naturalmente muy inferior a la nuestra. A los niños no se les enseña a venerar a sus padres y antepasados, por lo que, naturalmente, carecen de esa tremenda influencia en la nación que la vida familiar disciplinada tiene con nosotros, esa raíz de nuestra grandeza y supremacía en el mundo. Su religión no se basa en absoluto en un sistema racional, sino en todo tipo de supersticiones, tan oscuras y tan saturadas de tales delirios de lo sobrenatural que solo pueden evocar una sonrisa de disgusto en un observador inteligente. Por ejemplo, no rinden culto a la agricultura ni al espíritu benéfico de la cultura de la seda, sino que sacrifican animales e incluso seres humanos en sus altares a sus misteriosos e implacables dioses. Aquí se cree, generalmente, que, tras la muerte, el alma del hombre pasa al cuerpo de algún animal, presumiblemente como castigo por las fechorías cometidas en vida. Como ejemplo interesante y delicioso de esta extraña creencia, compartiré con vosotros una charla de bazar, donde se habla tanto y tan desinhibidamente como se habla aquí en las calles. Según esta charla, la Reina Virgen ya está condenada a habitar el cuerpo de una tigresa en la próxima vida debido a su carácter aventurero y a sus caprichos, a menudo bastante crueles. Cuando reflexiono sobre estas extrañas ideas, a menudo tengo que pensar en las palabras de Confucio: «Es muy perjudicial perderse en la contemplación de lo sobrenatural».

Como se verá en lo anterior, no tienen ningún sistema filosófico sensato. Sus procesos de pensamiento suelen ser desequilibrados e incluso violentos. De ello se desprende, naturalmente, que en su literatura se enfatiza más la pasión que la razón. Las relaciones de los sexos, a las que nuestros antepasados asignaban con tanta propiedad un lugar secundario en el pensamiento del hombre, desempeñan aquí un papel que trasciende cualquier medida razonable. En lugar de mantener a las mujeres en dependencia del hombre y en su servidumbre, se les permite las más audaces libertades, socavando incluso el único y verdadero concepto de amistad entre hombre y hombre. Así, los celos prevalecen en toda relación humana. La idea de que, en tales condiciones, ninguna amistad puede durar mucho tiempo sin que una mujer se interponga tarde o temprano entre los hombres, me causa mucha pena.

Su poesía refleja especialmente esta ferocidad bárbara. Es desenfrenado hasta un grado simplemente inconcebible en la literatura de un pueblo culto; también es extraordinariamente personal en sus imágenes y expresa una posesividad desenfrenada, especialmente en el caso de estas mujeres de espíritu libre. Admitiré que en estos arrebatos apasionados y coloridos hay un estímulo casi excitante para un lector dotado de imaginación. Sin embargo, cada vez tengo más claro el tremendo valor de la contención controlada, mucho más claro de lo que lo tenía en China. También reconozco cada vez con más claridad la profunda sabiduría del Maestro, con la que interpretó los dichos de nuestros antepasados y expresó las percepciones de su propia e ingeniosa inspiración, creando así para todos los tiempos ese perfecto sistema filosófico que determina nuestras vidas. En casa, la aceptamos sin rechistar como la única pauta admisible para nuestra conducta de vida, pero solo en el extranjero, cuando conocemos las costumbres de otros pueblos, nos damos cuenta de toda su grandeza.

A menudo, cuando paseo por las calles de esta ciudad realmente próspera, me sorprenden los efectos, perceptibles en todas partes, de la falta de disciplina en su vida nacional. Por ejemplo, al castigar a delincuentes, ladrones y otros malhechores que no son lo suficientemente importantes para un juicio público, los policías obligan al culpable a arrodillarse en plena calle, le tiran de la cabeza con ganchos de hierro insertados en las fosas nasales y, simplemente, le cortan el cuello con un cuchillo. Luego lo dejan agonizando hasta que pasan los barrenderos con sus carros. Estando entre la multitud como uno de los espectadores de tal escena, he pensado a menudo en el método mucho más humano de nuestro país en el que se corta la cabeza limpiamente.

Asimismo, incluso en el caso de delitos menores, se limitaban a cortar la mano derecha con una espada pesada y torcida sin intentar en lo más mínimo restablecer la sangre o dejar suficiente piel para cubrir adecuadamente el muñón. No es raro ver a estos desgraciados caminando miserablemente por las calles con nada más que un trapo ensangrentado y sucio alrededor de su brazo mutilado. En los casos de delitos graves, por ejemplo los políticos, los culpables suelen ser emparedados en torres de piedra al borde de la carretera, dejando solo sus rostros al descubierto, y así, inmóviles, quedan expuestos a los ataques de insectos y buitres y a los horrores de una muerte lenta por inanición. Se podría argumentar que nuestro bloqueo de cuello también se aplica a veces con bastante severidad, pero nunca despreciamos los principios de humanidad como hacemos aquí de forma habitual.

En cuanto a mis actividades en esta remota región, me gustaría decirte que el general Pan Chao me ha enviado aquí para comprar algunos de los magníficos caballos del país. En mis establos hay dos sementales de tal fuerza y temperamento que el más joven ya ha matado a dos hombres; pero, sin embargo, se le ha obligado a montar y ahora corre durante días con más velocidad que un perro del Hiung Nu. También he adquirido ya ocho yeguas, tres castrados y ocho potros. El ministro y sus agentes han sido inmensamente amables, serviciales y bastante infatigables en sus esfuerzos por encontrar caballos de la mejor raza para el general Pan, del que soy un indigno intermediario. Enviaron a expertos comerciantes a las llanuras occidentales y a las ilimitadas montañas del sur. Han buscado en Jorasán y Partia, y ahora, incluso, están negociando con los jefes de las tribus nómadas de los desiertos del suroeste, llamadas árabes; casi todos los animales que ya están en mis establos pertenecen a la apreciada raza árabe. Aunque fuera un enviado certificado con una pluma de pavo real y un rubí en mi sombrero, no podrían haber hecho más por mí. Por supuesto, espero que por estas afortunadas coincidencias se me concedan beneficios a mi regreso al yamen por parte del general Pan. ¿Pero qué pensarías si te dijera que entre esta ciudad y nuestros puestos de avanzada en las laderas orientales de Ts'ung Ling hay cincuenta días de viaje? El camino atraviesa vastos desiertos y puertos de montaña solitarios. Las bandas itinerantes de ladrones hacen que los caminos sean inseguros, y muchos otros peligros acechan al viajero. La gente muere de fiebres repentinas en las llanuras fluviales y de enfermedades de los pulmones, la garganta y el corazón en las alturas. Todavía me queda mucho mal por delante hasta que haya cumplido mi larga misión y esté de nuevo a salvo. Te pido, mi viejo amigo, que pienses en mí a menudo y en la oración. Espero que en mi viaje de regreso pueda ponerme bajo la protección de una de las caravanas de seda que regresan.

Deben saber que los caballos que he podido adquirir son más altos, más delgados y, sin embargo, más fuertes, más bellos y más rápidos que cualquier caballo que conozcamos en China. De hecho, incluso los animales criados por los nómadas al norte del desierto de Gobi, que tanto se admiran en Lo Yang, parecen engorrosos y faltos de temperamento en comparación con ellos, por no hablar de que son más pequeños y, ni mucho menos, tan resistentes. El semental del que hablé, el que ya mató a los dos hombres, tiene un pelaje rojizo; cuando está caliente parece casi rojo sangre. La otra es una manzana gris. La yegua que monto yo mismo la he llamado Mosulla, este nombre es común aquí. Un rasgo característico de todos los caballos árabes de pura raza es el pelaje negro azulado, que recuerda al antimonio. No es grueso y desgreñado como el de nuestros caballos, sino corto y sedoso, de modo que la piel brilla. Casi todos los animales que he visto tienen el mismo tamaño, es decir, entre catorce y quince manos de altura, como dicen aquí,[*] las piernas largas y lisas, un pecho ancho y

---

[*] Una mano equivalía, más o menos, a un *ch'ih* = 35,8 cm.

fuerte, un torso más bien corto, una cola de inserción alta y otras innumerables características de potencia y velocidad.

Intentaré describirte a mi Mosulla: imagina una cabeza ancha, redondeada en la parte superior, que se curva hacia el interior hasta llegar a una boca sorprendentemente fina con labios delicados, casi sin carne. Las orejas apuntan tanto hacia adentro que casi se tocan. La frente es abultada; esta parte superior de la cabeza realmente parece casi humana para un amante de los caballos. Ciertamente, Mosulla, con su temperamento inmensamente excitable, es una de las más inteligentes de todas estas criaturas mudas. Sus fosas nasales ovaladas son especialmente largas y tienen la forma delicada de una concha; y si se excita un poco, se abren de par en par y se expanden hacia arriba y hacia fuera. Una cabeza así podría indicar un temperamento feroz, si no fuera porque el cráneo es muy grande, lo que indica un excelente equilibrio entre una gran vivacidad y esas cualidades casi humanas que han hecho que Mosulla sea tan querida para mí. Los ojos son particularmente hermosos, no sobredimensionados, sino perfectamente redondos, con pupilas grandes, húmedos, con párpados finos y pestañas muy largas y sedosas. Se sitúan en la parte baja, casi a medio camino entre las orejas y las fosas nasales, e incluso en momentos de excitación, nunca los he visto blancos.

El rostro, como puede imaginarse por los detalles descritos, es estrecho y está finamente dibujado, a la manera de las pinceladas de nuestros pintores. Con la expresión de sus ojos, que solo puedo describir como tierna, con las fosas nasales largas y bellamente formadas, la boca fina, el labio inferior comprimido y esa noble frente, que lleva tan alta, es una imagen de verdadera belleza femenina, una imagen magnífica, que cambia de forma bastante sorprendente a una visión de poder audaz cuando está excitada o en movimiento y sus fosas nasales vuelan y sus ojos sobresalen. Seguramente, ya te habrás dado cuenta de que tu viejo amigo Jan ha aprendido a dirigir su afecto hacia un animal de forma bastante abierta. Solo hay que verla correr detrás de mí en el patio, oliendo mi ropa en busca de tarta de almendras o apoyando su barbilla acariciando mi hombro. Viene inmediatamente cuando la llamo o, incluso, cuando le hago un gesto con el dedo.

En cuanto a los movimientos, prefiere el galope a todos los demás aires, e incluso a la mayor velocidad parece moverse con perfecta facilidad. Su zancada es enorme, una vez y media la longitud de mi brazo. Su pelaje es de color marrón rojizo intenso; la crin y la cola, muy sedosas y largas, son más oscuras. Como todos los caballos árabes, su resistencia es asombrosa; puede recorrer grandes distancias durante muchos días seguidos. De hecho, en China no tenemos ningún medio de transporte tan rápido como estos excelentes caballos.

Otra yegua de mi cuadra, una gris de una excelente cría, se llama Roxana en honor a la Reina Virgen. Tiene una cabeza ancha y bien formada, una boca extraordinariamente fina, hombros largos e inclinados, cruz alta y piernas muy largas y suaves. Camina de una forma inusual, pero muy impresionante, concretamente con la cabeza y la cola levantadas. Una vez, cuando se alejó con Ying (mi sirviente) a la espalda, tuve la impresión, a través del polvo que volaba, de que no era una persona, sino tres, las que iban sobre ella. Sin embargo, Roxana es un hermoso animal. En cualquier caso, el día en que haya conducido con éxito a todas mis bellezas a través de todas las dificultades y peligros de la carretera y el Ts'ung Ling hacia el este y pueda conducirlas en triunfo a través de las calles de So Chü hasta el yamen ante su excelencia el protector general Pan Chao será un acontecimiento en mi insignificante carrera.

Te alegrará saber que nunca dejo pasar un día sin leer con reverencia el *Libro de los Ritos* y las *Odas*; pues solo desde que he vivido como viajero entre otros pueblos y en medio de costumbres extranjeras me he dado cuenta de los peligros que acechan al espíritu de un hombre cuando se aleja de las influencias protectoras de su círculo natal. Yu Tzu ha dicho: «El hombre sabio cuida la raíz, pues si florece bien, de ella crecerá la virtud. ¿Y cuál es la raíz de todo bien, sino la reverencia filial y el amor fraternal?». Mi mayor pena es que no tenía espacio en mi equipaje para los *Anales de primavera y otoño*. Afortunadamente, tengo el *Mencio* conmigo. Debo sacar todo lo que pueda para mí de estos pocos libros durante mi exilio. Inclino la cabeza cuando el alero está bajo, como dice el refrán.

Te he escrito una carta muy larga, y podría escribir infinitamente más si quisiera exigirte inmodestamente tu tiempo libre. Sin embargo, pienso en el viejo dicho de que «muchas palabras agotan la mente», y en el otro de que «las visitas largas traen cumplidos cortos». Por lo tanto, concluyo con la seguridad de que soy, como siempre, tu devoto amigo y constante compañero de pensamiento.

Jan Po

Cuando me desperté la noche anterior, la encontré llorando a mi lado otra vez. Esto me desconcertó, pues habíamos sido felices toda la noche, y Mosulla había distraído mi torturada mente con muchas conversaciones divertidas y bailes inventados libremente. En ese estado de ánimo, se pavoneó por el suelo como uno de sus gatitos partos de pelo largo.

No dijimos ni una palabra del peligro que nos amenazaba a ambos. No tuve el valor, y, probablemente, ella se sintió igual. Incluso creo que la seriedad subyacente de nuestros pensamientos dio a la conversación un tono muy especial de alegre desenfado.

Pero ahora la almohada estaba mojada y no podía dormir. Me acerqué y le hablé amablemente. Entonces, se aferró a mí con esa brusquedad tan característica de su naturaleza impulsiva y de sangre caliente, y murmuró, sollozando:

—¡No puedo dejar que mi amada se vaya!

Traté de pensar en ella como en una compañera de casa en nuestra familia. Es difícil. En nuestros ocho patios, además de mis venerados padres, viven mi hermano mayor, Jan Pu; el segundo, Jan Kuei-ti; el tercero, Jan Shuo-i; el cuarto, Jan Sing; por no hablar de los seis que son más jóvenes que yo. Además, está la madre de mi madre, ante la que todos nos inclinamos como es debido. Por lo tanto, Mosulla tendría que someterse humildemente a mi abuela, a mi padre, a mi madre, a Pu, a Kuei-ti, a Shuo-i, a Sing y a sus esposas. Además, Jan Pu tuvo la desgracia de engendrar cinco hijas hasta que su esposa le ofreció su criado personal, con cuya ayuda pudo otorgarle dos espléndidos niños, para gran deleite de ella; y así, incluso este criado reclamaría en cierto modo la deferencia, si no la subordinación, de Mosulla.

Soy muy consciente de que me resultaría difícil exponer a Mosulla a la confusión y al ruido de las muchas voces que, a veces, llenan nuestros tribunales nacionales. Además, su libertad de pensamiento y de acción sin duda molestaría a los demás, y, sobre todo, las mujeres se sentirían ofendidas al ver a una mujer joven que puede caminar y bailar con sus grandes pies como un muchacho. Es bien sabido que la atadura de los pies es el medio más seguro de prevenir cualquier actividad peligrosa por parte de las mujeres. Esta costumbre existe desde hace miles de años, y como la experiencia es el mejor maestro, tenemos muchas pruebas de que atar los pies es lo correcto. A las mujeres no se les debe permitir seguir las inclinaciones aventureras. Su tarea en la vida es tener y criar hijos, y aprovechar sus cualidades de ama de casa cuidando del hogar y de su mantenimiento, pues la familia es la base de la mayor civilización del mundo. ¿Quién podría negar esto?

Pero el problema es aún más profundo. Por mucho que me encante la chispeante alegría de Mosulla y sus maravillosas habilidades para el baile, tengo que recordarme una y otra vez, con toda claridad, que esas son precisamente las cualidades y habilidades que no se pueden tolerar en un hogar chino bien ordenado. Su propio ser interior sería sometido a tormentos, diariamente y durante años, bajo los cuales se consumiría y, tal vez, incluso moriría. Mi familia nunca sabría que había sido una esclava; pero, aun así, sentirían que yo había manchado la casa de mis antepasados, manchada por tomar como esposa a una bailarina.

En estas cosas pensaba cuando hoy he entrado en nuestras habitaciones y he encontrado a Mosulla practicando algunas figuras de baile. Me lanzó una sonrisa radiante, despreocupada y hermosa, igual que el cielo distribuye el sol y la lluvia, y siguió bailando sin darse cuenta. Se había quitado casi toda la ropa, porque sin ella es más feliz y más ella misma. Se deleita en su gran libertad y en la fuerza flexible de su cuerpo, al igual que la otra Mosulla, mi hermosa yegua.

La observé con atención. Se había puesto de rodillas y había extendido sus preciosos brazos; al hacerlo, movía los delicados musculitos que tan asombrosamente controla en un flujo tembloroso que comenzaba en las yemas de los dedos de una mano, bajaba por la muñeca y el brazo hasta los hombros bien formados (que son mucho más blancos que los de nuestras mujeres), luego bajaba por el otro brazo hasta las yemas de los dedos y volvía a hacer lo mismo una vez más. A esto, ella rió como una niña feliz, dichosa en la alegría de practicar su arte.

Creo que a nuestras mujeres no les gustaría su piel blanca, ni sus grandes ojos redondos, en los que la risa se alterna con la tristeza o la profundidad misteriosa; tampoco les gustarían sus largas y sedosas pestañas ni los movimientos de sus manos, que se parecen a los de la hoja del sauce.

A veces, estoy firmemente convencido de que lo único sensato sería dejarla aquí, pues ¿cómo podría soportar que la mujer que me es tan querida como la niña de mis ojos solo probara la amargura en la casa de mi padre? Pero entonces vuelvo a pensar —porque esto sí lo sé ahora— que ella no podía volver al harén de Ibn Shu Ber Din después de que otro hombre la poseyera, eso está fuera de lugar. Sin embargo, como esclava, difícilmente podía casarse bien, si es que lo hacía. Ibn Shu Ber Din apenas se molestaría en pensar en ella. Solo la reina podía ocuparse de ella y asignarle un lugar en la vida. Pero desde que vi a la reina sentada detrás de su mesa de ónice con incrustaciones de oro, con el orgullo apenas disimulado y la pasión irreflexiva de la juventud en sus ojos, supe muy bien que la piedad no ha encontrado todavía un lugar en esos ojos.

El oficial de la guardia de palacio ha venido a verme de nuevo; esta vez ha traído una invitación para una representación teatral que tendrá lugar hoy en el palacio del visir. No dio ninguna pista sobre si se daba en mi honor. Últimamente, me sorprende cada vez más el enorme contraste entre los extraordinarios honores con los que se colma a los enviados romanos y la simple cortesía que se muestra conmigo. Después de todo, soy el único representante aquí de una cultura inconmensurablemente superior a la que esa Roma ha adquirido. ¿Hay una amenaza en eso? ¿Debo pensar en ello y tomarlo como una tranquila advertencia? Ibn Shu Ber Din no es un hombre que persiga su objetivo por caminos rectos. Si Mosulla ha entendido correctamente el intríngulis de ganar la seda, ¿por qué no vienen a mí directamente? ¿No merezco un soborno a sus ojos? Todo parece un desprecio deliberado. ¿O tienen miedo de que sea uno de los del general Pan? Eso es posible.

Pero hay una cosa que puedo decir con tranquilidad. Cuando Mosulla me confesó su pequeño papel en este juego, por desgracia, me asusté mucho durante un tiempo. Pero no se me puede reprochar este signo de debilidad. Estoy completamente solo aquí, y carezco de noticias precisas, así como de los poderes de un enviado. No puedo comunicarme con mis compatriotas, ni tengo los ayudantes, secretarios y servidores de confianza necesarios para ser considerado un enviado. El mero descubrimiento de que la misma mujer que amo y que ha penetrado tan profundamente en mi vida personal era un instrumento de esta intriga me dejó sin cabeza durante un tiempo. También me sentí completamente abrumado por el alcance de esta intriga. Incluso ahora, me resulta difícil comprenderlo del todo.

Ciertamente, cuando recuerdo los muchos días y noches de mi largo viaje a través de las provincias occidentales hasta So Chü, cuando pienso en los miles de caravanas de camellos que se dirigen constantemente hacia el oeste con sus cargas de seda, y cuando considero los enormes costes de todo este tráfico para las naciones compradoras, las afirmaciones de Mosulla sobre esta intriga me parecen mucho menos fantásticas de lo que parecían al principio. Los yüeh chih de Balkh obtienen una parte importante de su riqueza de los ingresos procedentes del transporte y la reventa de la seda. Es, sin duda, el comercio más masivo del mundo. Y, por lo tanto, aunque poseyeran el secreto de la seda, tendrían que estar junto a China para protegerla, a menos que los romanos les ofrecieran una tremenda compensación. Pero por un reino entregarían el secreto. De ahí, precisamente, esta oferta de un imperio que ellos mismos son demasiado débiles para conquistar.

Empiezo a darme cuenta de que es una oferta astuta por parte de Roma. Si el coste de la conquista de las lejanas provincias del noroeste en aras de nuestra industria de la seda no fue un sacrificio demasiado grande, ¿por qué la tarea menor de conquistar Partia iba a ser un precio demasiado costoso para los romanos? De este modo, no regalarían nada de sus propias posesiones hasta el momento. Además, podrían engañar a Ibn Shu Ber Din y apoderarse del secreto sin entregarle a su vez la tierra conquistada, pero el visir se habrá dado cuenta de este peligro. Por supuesto, debe proceder con mucha astucia y paciencia. Poco a poco, voy comprendiendo, incluso, por qué no me ha permitido ni siquiera conocer a esos caballeros romanos —por su aspecto parecen realmente nobles—, sino que se limita a rodearme de sus espías y a mantenerme lo más aislado posible. Debo haber aparecido en un momento que no entraba en sus planes en absoluto. ¿Sospecha acaso que el general Pan sabe lo que está pasando y por eso me ha enviado deliberadamente aquí en este momento crítico?

¿Qué increíble red de intriga se está tejiendo aquí? Las mentes más duras y brillantes juegan al ajedrez con los reinos en liza: China y Roma libran la partida real en el tablero de Balkh, cada una de ellas con escasa conciencia de su oponente.

Me queda claro que el general Pan sepa mucho. ¿No ha interceptado a esos enviados y los ha hecho registrar? ¿Y no tendrá otros mil puntos de información militar y política en este misterioso Occidente? Seguramente. No tengo más confianza en él que en el viejo Henna-barba. Posiblemente, haya aquí otros agentes de China de los que no sé nada en absoluto.

Y, en el centro de esta tela de araña (en una mesa de ónice y oro, acariciando a un gato de pelo largo), se encuentra esta reina virgen, cuyas inteligentes jugadas de ajedrez pueden haber llegado hasta las puertas del palacio de Lo Yang. Es posible. No lo sé. Todo lo que sé es que mi cabeza da vueltas y mi mente está cansada. La primera impresión de una representación teatral local podría ser una distracción para mí; ojalá lo sea. Por supuesto, después de las ingeniosas y logradas actuaciones que vi en Lo Yang, no debo elevar demasiado mis expectativas. Eso sería injusto.

Mosulla está deprimida. Creo que no está contenta con esta invitación. ¿Tiene miedo de que se le escape una palabra descuidada? Me pidió que bebiera solo un poco del vino del visir. Por un momento me molestó un poco eso. Durante todas nuestras horas felices, solo me ha visto bajo la influencia del vino dos o tres veces. Ella sabe, perfectamente, que no soy un borracho.

¿O está disgustada porque voy a ver bailar a las otras chicas del palacio de Ibn Shu Ber Din?

Quiero llevarle un regalo del bazar, una banda de oro para su frente.

¡Si te montas en un tigre, no puedes saltar!

El palacio de Ibn Shu Bcr Din es una ciudad en sí mismo. Me condujeron a través de grandes salas y pasillos interminables. Vi vigas de madera de cedro y ciprés hábilmente torneadas por artesanos y decoradas con incrustaciones de oro. Vi colgaduras de pared hechas con telas de seda y plata bordadas. Vi pequeñas estatuas de ébano, jade y cristal de roca y grandes estatuas de guerreros hechas con el hermoso mármol blanco que, según Mosulla, se encuentra en las islas del Mar Occidental. Vi hombres armados y cientos de sirvientes y eunucos vestidos de seda, además de las muchachas con las telas de gasa hechas en Kos con los hilos de seda de China, muchachas cuyos rostros estaban velados por debajo de los ojos y que me miraban seriamente.

A través de un portal de mármol llegamos a una terraza. Debajo de nosotros había un estanque rectangular con agua que salpicaba las losas de esta piedra blanca y brillante. A ambos lados se alzaban solemnes cipreses oscuros, junto con toda clase de arbustos, y perales y albaricoques. Debíamos sentarnos en las coloridas alfombras extendidas sobre los escalones entre la terraza y el estanque. Varios cortesanos se encontraban alrededor, saludándome con sonrisas amistosas en cada oportunidad.

Mi compañero, el oficial de la guardia de palacio, también sonrió sin disimulo. Esto me pareció algo desconcertante.

Heraldos con trompetas anunciaron la llegada de su excelencia. Avanzaba sobre sus gruesas piernas con los pies girados hacia fuera y llevaba su tonta barba roja levantando la cabeza. Al mirarlo, me recordó a una de esas arañas rojas y gordas de cuerpo peludo que he visto en el desierto. Sonrió de forma significativa, aunque apenas con la dignidad de sus compañeros. Este hombre, realmente no tiene ninguna dignidad. Tiene intelecto y una voluntad despiadada, pero ningún sentido innato de su posición. Tiene poder, pero no un rango real. Recuerdo que me pareció que su desagradable sonrisa detrás de su barba manchada de henna, sus heraldos trompeteros, los asistentes que lo adulaban y su andar pavoneándose eran prueba de sus sentimientos de inferioridad. Es muy cierto que el esplendor de su palacio supera al de la reina Roxana. Porque en todo lo que hace señala enfáticamente a su persona y juega de cara a la galería de una manera que un hombre verdaderamente grande nunca necesita. No es un gobernante nato. Se recordará que cuando Confucio comentó: «Shih se empuja hacia adelante y Shang se queda en el fondo», Tzu Kung preguntó: «¿Entonces, Shih es el mejor hombre…?», a lo que el Maestro respondió: «No, en absoluto, empujarse hacia adelante es tan malo como quedarse en el fondo…». Pero Ibn Shu Ber Din es realmente un hombre peligroso. Para muchos millones de personas su sonrisa significa prosperidad y felicidad, pero su ceño fruncido significa la muerte.

—¡Ah, el excelente Jan Po! —exclamó, y se detuvo frente a mí.

Naturalmente, junté las manos y me incliné, murmurando su nombre.

—Tenemos mucho que ofreceros hoy: ¡una gran sorpresa!

No tenía ni idea de lo que podía querer decir con eso. Entonces, dio una palmada y se dirigió a un asiento en los escalones alfombrados. Me llevaron a su derecha. Los señores de la corte buscaban asiento en la escalinata. No vi a nadie de los romanos. Está claro que quiere mantenerlos alejados de mí.

De nuevo, el visir dio tres palmadas solemnes y se pudo ver la punta de su barba roja apuntando aquí y allá mientras miraba ansiosamente a su alrededor para ver si todo estaba listo. No pude evitar pensar en los informes de Mosulla y en las innumerables historias de bazar sobre él, y ahora podía ver por mí mismo hasta qué punto se atribuía los entretenimientos ofrecidos en su propia corte. Sus ojos de cerdo brillaban de emoción, y se posaban ora en este grupo, ora en aquel, con una mirada desafiante, como si pensara en su propia carrera aventurera, en cómo él, el miembro de una raza despreciada, había ascendido, gracias a su dominio de la intriga, hasta convertirse en un rey al que solo le faltaba el título. Creo que le encanta ver a toda esta gente a sus pies. Y creo que se deleita con un placer animal en la posesión de las más de seiscientas mujeres de su harén. Mientras lo miraba furtivamente, imaginando sus vicios en todas las etapas de su vida, apareció en mi mente la imagen de Mosulla, su suave sonrisa y la luz que ardía en sus ojos para mí, y no pude evitar pensar en la estrecha escapada que tuvo de sus gordas manos, y de repente me invadió un deseo bastante irracional de agarrarlo por la barba teñida y tirar de ella hasta que gritara —porque sin duda gritaría, no puedo imaginar que este hombre tenga valor personal—, y luego estrangularlo, presionarle los globos oculares y pisotear su gorda barriga con mis botas de montar. Tuve que obligarme a permanecer muy quieto, respirar despacio y pensar detenidamente en los dichos del Maestro. Sé que es tan odiado como temido en todas partes, y solo me pregunto por qué algún joven patriota honrado no lo mata simplemente. Un final así le vendría bien.

De nuevo el visir dio tres palmadas, este pregonero del mercado con sus ojitos brillantes. Entonces oí suavemente, bajo los cipreses, el sonido rítmico de los platillos y el punteo de los instrumentos de cuerda. Entonces, una sola voz masculina comenzó a cantar; para los oídos chinos la melodía habría sonado extraña, pero yo ya me había acostumbrado a ella por la convivencia con Mosulla. Pues casi siempre canta y toca el laúd con gran habilidad, recordando el cuerpo de un insecto gigante. La idea de un preludio musical me parece tan excelente que la recomendaré al tribunal cuando vuelva. Sin embargo, la sugerencia de un cambio no sería bien recibida allí. Como pueblo, nos aferramos mucho a nuestras tradiciones. Y quizás sea lo mejor. En la mayoría de las cosas, ciertamente.

Cuando terminó el prólogo, las chicas vestidas con velos empezaron a bailar lentamente, cantando mientras lo hacían. A continuación, una bailarina solista mostró sus grandes habilidades, acompañada de una voz oculta. Otras chicas bailaban alineadas al borde del estanque, que reflejaba maravillosamente su imagen.

Pude ver que el visir se volvía varias veces y echaba un vistazo a lo largo del pasillo por el que habíamos entrado en el jardín. También me asintió una vez significativamente. Confieso que me entró la curiosidad. ¿Qué diablos puede estar pasando que me interese?

Entonces llegaron. Oí el susurro de muchas túnicas y noté que las cabezas se volvían en los escalones superiores. De repente, el visir se dio la vuelta emocionado y me saludó con bastante torpeza. En su excitación, incluso se puso de pie: ¡él, el visir! Por supuesto, los demás también saltamos rápidamente. Vi un revuelo de figuras en la terraza por encima de nosotros y oí los delicados y extraños cánticos abajo en el jardín, al son de los cuales un sátiro con manos anticuadas agarró lujuriosamente a una chica con una fina túnica de seda y se la arrancó del cuerpo. Lo vi antes de darme la vuelta.

Finalmente, por encima de las cabezas desnudas de los cortesanos en la terraza —por un momento tuve que cerrar los ojos, luego no pude apartar la vista—, alcancé a ver uno de los sombreros de ceremonia puntiagudos con la borla roja y el botón de lapislázuli que me resultaban tan familiares de la corte de nuestro gracioso emperador. Entonces pude ver la cara. Lo sabía, pero me fallaban las fuerzas y era incapaz de pensar. Me temblaba todo el cuerpo —lo recuerdo claramente—, y una repentina sensación de debilidad en la mitad del cuerpo casi me robó los sentidos. Porque aquí llegaron chinos, aquí, en Balkh. Ahora reconocía el rostro del primero. Pertenecía, nada menos, que a Lu Ch'en Ch'ia, el hijo menor del duque Lu, compañero de confianza de nuestro ilustre príncipe. Detrás de él, con el botón de cristal, llegó Wen — ¡verdaderamente, era Wen Fui! Y tras él, paseando despreocupadamente, apareció un joven alto al que yo debía conocer. Aquella postura orgullosa de la cabeza, el andar seguro y libre, la expresión de alegre ecuanimidad: lo conocía, fuera quien fuera. Solo el fino bigote que le colgaba del lado del labio superior me pareció extraño. Pero ciertamente lo conocía. Pero incluso entonces, cuando mi sorpresa fue dando paso a una consternadora sospecha, mi mente se negó obstinadamente a llamarlo por su nombre. Lo que me desconcertó por completo fue que caminaba tranquilamente detrás de los demás, con un brillo burlón en los ojos. Además, al igual que Wen, ¡llevaba un botón de cristal! No pude explicarlo inmediatamente. ¿Era concebible que Wen no lo hubiera reconocido a pesar de los dos meses de viaje desde So Chü? Es muy posible. Y Lu Ch'en Ch'ia siempre atravesaba el fuego con él o por él. Tuvieron que engañar a Wen. Y también debieron de engañar al general Pan Ch'ao, porque nunca habría permitido, lo sentí entonces y lo sé ahora, que el príncipe imperial se deslizara a través de la frontera si lo hubiera reconocido. El general Pan no lo había visto desde su infancia. Y para casi todos los demás en So Chü era una figura casi mística. Como secretario o compañero de viaje de Lu Ch'en Ch'ia, podía pasar fácilmente por So Chü sin ser detectado. El protector general le habría retenido por la fuerza, si hubiera sido necesario, y enviado de nuevo a casa, y entonces, probablemente, habría escrito su último informe con dignidad y se habría quitado la vida.

Y así es realmente. El corazón se me salía del pecho, porque la araña roja, si supiera —tal vez lo sepa—, tiene ahora un rehén inestimable en sus manos. Esto es lo que he podido aprender de Wen esta noche: Lu se había presentado en So Chü con una carta credencial de la emperatriz viuda, refrendada por el regente, según la cual debía entregar regalos y una garantía de amistad a la reina de Balkh. El general Pan, al darse cuenta de que su guardia fronteriza no era suficiente y de que el mensaje había llegado a Kin Say y Lo Yang por mar, solo pudo inclinarse ante el mando del trono. Había unido a Wen Fui a la expedición como observador y para supervisar. Wen es, por supuesto, consciente de la dificultad de su situación y tiene sus propios pensamientos al respecto. Sin embargo, no tiene la menor sospecha sobre la persona del joven secretario sonriente de bigote caído. Toda la situación es extremadamente confusa.

Después de inclinarme solemnemente ante Lu, Wen me presentó al príncipe. El nombre que me puso fue Ch'ing Pao Ch'ien. El príncipe solo sonrió, me miró con sus ojos burlones y dijo:

—¡Ah, Jan Po! Eso está muy bien. Debemos tomar otra copa de vino juntos esta noche y hablar de los viejos tiempos en Lo Yang.

—Encontrarte aquí, Jan Po, es realmente un alivio —dijo Lu.

Incliné la cabeza, contento de que la ocasión oficial hiciera imposible una conversación más libre.

—Lo hemos pasado mal —intervino Wen—. Todo lo que podíamos decir era «Balkh, Balkh», hasta que, finalmente, nos trajeron aquí.

—Me gustaría presentarles a su excelencia —dije, y presenté primero a Lu y luego a Wen.

Casi se me doblan las rodillas ante la idea de tener que presentar, si acaso, al príncipe imperial del único país realmente cultivado y del imperio que todo lo domina a esta rana de barba roja que es el visir, pero lo llevé a cabo. Y el príncipe, o Ch'ing Pao Ch'ien, juntó las manos, se inclinó y dejó pasar todo con nervios de acero. Se me humedecieron los ojos y se me hizo un nudo en la garganta al verlo, y no pude evitar pensar: «¡Qué príncipe! Qué suerte seguir a un hombre así, luchar por él y morir por él». Tuve que apartarme. Nadie podía ver las miradas que me dirigía.

Los rayos del sol poniente caían oblicuamente a través de los cipreses, se posaban con suave resplandor sobre las losas de mármol y el estanque poco profundo, doraban los arbustos y los frutos maduros, y calentaban las hinchadas figuras de las bailarinas. El sonido de los instrumentos musicales se deslizaba soporíferamente por el aire caliente. La suave voz seguía cantando, cantando al amor, a esa pasión irracional y salvaje a la que los pueblos occidentales se entregan tan desenfrenadamente.

La canción se desvanecía. Las últimas figuras flotantes desaparecieron detrás de los cipreses como las hojas de los álamos en otoño. Se ordenó el silencio. Ibn Shu Ber Din levantó la mano en señal de silencio —una mano pesada con anillos de oro blando engastados con rubíes, esmeraldas y perlas— y luego volvió a aplaudir. En silencio, todavía muy lejano pero cada vez más cerca, llegó el sonido de los platillos batiendo a un ritmo extraño, y mi pulso se aceleró. Al igual que los compatriotas de Mosulla, ya percibo los ritmos como algo independiente, como una melodía. Esta gente combina los ritmos, los entrelazan y entrelazan de manera que forman un conjunto tentador, y han perfeccionado este arte hasta tal punto que no podemos poner a su lado nada de nuestra música.

Conocía este ritmo. Fue la introducción a la danza de los velos de Mosulla. Mi corazón latía más rápido. Por un momento, tuve el doloroso pensamiento de que Mosulla podría estar allí, mi

Mosulla, mostrando su hermoso cuerpo a estos cínicos cortesanos..., a mi príncipe, que podría, muy fácilmente, aficionarse a ella..., a Wen Fui, que, en cualquier caso, pronto tendría que aprender cuán catastróficamente había cambiado el curso hasta ahora bien ordenado y sensato de mi vida.

Pero no fue Mosulla quien se deslizó hacia la gran terraza detrás del estanque brillante, sino otra chica de su altura y similar esbeltez. Estaba envuelta en muchos chales y velada hasta los ojos. Su espesa melena se cortaba suavemente en la nuca y se balanceaba alrededor de su hermosa cabeza al ritmo del baile que ahora comenzaba con suaves movimientos. Me quedé mirando fijamente y luego me di cuenta de la tensión con la que había crecido el interés de todos esos espectadores masculinos. Ya había visto este pelo ondulado y también la diadema egipcia de oro que lo sujetaba. También conocía esos ojos oscuros e inquietos.

Miré a Ibn Shu Ber Din. Miraba a su alrededor con indisimulado deleite en sus ojos saltones, sonriendo significativamente y moviendo su grueso dedo índice al compás. Entonces supe que la bailarina con velo era la Reina Virgen. Estaba ejecutando esta danza como le había enseñado Mosulla, y tenía tanto talento como mi amada. Tiene unos dones muy especiales, lo vi claramente; el fuego brillaba a través de ella, y, al mismo tiempo, tiene una capacidad ilimitada de devoción, que difícilmente puede deducirse de sus ojos altivos y su boca caprichosa. Está desarrollada hasta la plena madurez, para la vida y para el amor, y, sin duda, la consume un ardiente deseo juvenil que aún no ha encontrado su pareja, por lo que el baile es una forma de expresar sus sentimientos.

Pero, a pesar de todo su encanto, este espectáculo también tuvo un efecto muy deprimente en mí. Sí, era así, me excitaba profundamente y a la vez me despertaba los sentimientos más contradictorios. Que esta escena pudiera tener lugar aquí, oficialmente en el jardín del visir, era bastante increíble. Por muy aventurero que fuera nuestro apuesto príncipe, nunca podría haber violado tan abiertamente el decoro en la corte. Después de todo, al menos siempre había mantenido una apariencia de decoro. Sin embargo, pensándolo bien, las cosas más sorprendentes están registradas en los informes secretos de cada corte real. A menudo nos parece, a los que a veces echamos un vistazo furtivo al funcionamiento interno, como si un dios travieso se burlara de las susceptibles criaturas humanas que, durante un tiempo más o menos largo, tienen que asumir el parecido de un gobernante con un dios. En verdad, hay pocos hombres que sepan soportar el poder encarnado en un trono con sentido tranquilo y espíritu sereno.

Pero ni en sueños podría haber imaginado la situación actual. Nuestro príncipe estaba aquí, verdaderamente aquí, a mi lado, en los escalones de mármol enmoquetados, verdaderamente aquí, sin que aquel extraño visir lo supiera, y escondido entre sus ropas llevaba, ahora lo sé, la pequeña bolsa que contenía el Sello de Balkh, un duplicado de aquel sello que había caído en manos del general Pan en So Chü hacía un año aproximadamente: la imagen, delicadamente grabada en una dura piedra llamada calcedonia, de una joven cazadora golpeando a un tigre, y una efigie en miniatura de la propia reina Roxana. Solo yo conozco estos extraños y emocionantes hechos. Mi príncipe y su compañero Lu no sospechan nada de la presa del general Pan, ni conocen su grandioso designio de preservar y aumentar el poder y la riqueza del imperio sobre el que este joven gobernará si sobrevive a esta improbable aventura. Wen Fui, por su parte, conoce el plan a grandes rasgos y ciertas cosas sobre So Chü, pero no tiene la menor idea de que el joven secretario cuya camisa de seda rozó ligeramente su hombro mientras ambos estaban sentados en la escalera es su príncipe. Y ninguno de ellos tiene la menor idea del poder y las intenciones de Roma... Solo yo sé todo esto. La cabeza me da vueltas cuando intento darle sentido a todo ello. Ya no puedo pensar en absoluto.

Vi claramente a Ibn Shu Ber Din regodeándose por el éxito de su evento. Él marca el tono en esta extraña corte. Y si halaga su desenfrenada vanidad exponer a su reina a la mirada de los hombres de su entorno y de los extranjeros de tierras lejanas, simplemente aprovecha su juventud para que actúe aquí.

Ella bailó, esta reina, bailó como mi Mosulla lo hizo tantas veces ante mí. Observé, temiendo las revelaciones en el clímax, pues una reina no debe rebajarse tanto. Pero el visir seguía sonriendo, y la sensualidad jugaba en las comisuras de su ancha boca. Un velo de seda tras otro se arremolinó en el suelo hasta que quedó al descubierto el encantador cuerpo de esta regia muchacha, ataviado únicamente con la faja enjoyada, la falda diáfana, las corazas de oro y esmeraldas, las tobilleras tintineantes, el tocado y el velo de la cara (que no se quitó), hasta que, al ritmo acelerado de los címbalos, comenzó esas convulsiones en las que los movimientos ondulantes bajo su piel aterciopelada parecían aumentar embriagadoramente y, tras un último giro loco, se hundió en las losas de mármol. Un último rayo amarillo del sol que se ocultaba acariciaba suavemente su cálida piel.

Se escucharon gritos de aprobación por todos lados. Aquellos hombres la habían reconocido, aunque ninguno de ellos lo dejó entrever; por supuesto, sabían de quién se trataba. Ibn Shu Ber Din no pudo abstenerse de dirigirnos a los chinos una mirada de mezquino triunfo.

Oí a mi príncipe respirar con dificultad. Le vi mirar gravemente tras la chica mientras esta desaparecía tras el muro de cipreses con una sonrisa de excitación. Se volvió hacia mí y dijo con voz reprimida:

—¡Maravilloso! Nunca he visto nada tan emocionante. ¿Quién es ella?

Mi corazón casi se detiene. Una vez más, la constatación de que en toda esta asamblea de experimentados gobernantes y estadistas solo mi cabeza sabía toda la verdad era casi más de lo que podía soportar. Conocía la intención secreta del príncipe, conocía su verdadero propósito; solo yo sabía qué decir ahora. Y lo dije con un susurro, después de asegurarme de que ni Lu ni Wen pudieran escuchar:

—Esa, alteza, es la reina.

Hizo una mueca, y luego frunció el ceño:

—Me llamo Ch'ing —murmuró.

Esa advertencia fue suficiente. Quiero y tengo que hacer mi pequeño papel delante de él. Wen no debe notar nada. La vida de un emperador está en juego. Si realmente fracasara ante él por alguna pequeña imprudencia, mi propia e indigna vida no sería más que una pobre expiación.

—¿Dónde vives aquí? —preguntó rápidamente.

—En una casa muy bonita.

—Y hablas su espantoso idioma, dijo Wen.

—Así es.

Con el martilleo de las sienes, me las arreglé para mantener la pretensión de la irrelevancia

—Me mudaré contigo esta noche.

Eso fue todo. Habló con Lu —parecía que estaba pidiendo permiso—, y luego hizo traer su equipaje personal. Cenamos en mis antiguas habitaciones. Si preguntaba Mosulla, no podría explicarle nada. Evidentemente, espera que responda al papel que desempeña, incluso cuando estamos solos. Y me las arreglo para hacerlo. Es mejor así, y es menos probable que corra el riesgo de cometer un error en público. Así que, a él, ¡mi príncipe!, le llamo Ch'ing... Él solo me llama Jan.

Después de la comida, abrió tranquilamente su túnica y sacó la bolsa en la que sabía que estaba el retrato en miniatura y el sello. Sacó el sello y lo hizo girar pensativamente en sus delgadas manos.

—Esto debe ser entregado a la reina esta noche —dijo.

No dijo nada más. Se limitó a dejar el asunto en mis manos y salió al tejado a mirar las estrellas del cielo. Envié a Mosulla. Ella conoce el palacio y ellos saben quién es allí. No le dije nada, solo que nadie más que la reina debe saber lo que trae. Profundamente velada y acompañada solo por su sirviente, se deslizó por la puerta del jardín hacia la estrecha calle lateral hace más de una hora. A ninguno de estos sirvientes espías se les permite entrar en el jardín.

Reflexiono con pena sobre los cambios que se han producido en Wen Fui y otros de nuestros guardias fronterizos como consecuencia de las mujeres de ojos redondos. Reflexiono, para confesar la verdad, sobre el cambio que una de estas mujeres de ojos redondos ha provocado en mí. Su alteza no conoce ninguna restricción ni ley, salvo la de su propia persona y su espíritu audaz. ¿Quién puede decir qué giro tomará su destino? ¿El destino de los Han? La pequeña Mosulla, que recorre esta noche las calles de Balkh, tiene en sus delicadas manos el destino de una familia imperial.

Esta mañana, Lu y Wen estuvieron aquí durante un rato. Me pareció que Wen miraba mis suntuosos aposentos con cierta envidia, y también se quedó mirando un rato por la ventana abierta hacia el jardín. Por la mirada de sus ojos me di cuenta de que soñaba con cosas románticas, y más de una vez se asomó al pasillo que llevaba a las habitaciones de las mujeres. Sonrió a su manera un tanto burlona mientras contaba las penurias del viaje, y que Ch'ing montó sorprendentemente bien para un secretario.

Mientras charlábamos así —afortunadamente Lu se había retirado durante este tiempo con Ch'ing (debo llamarlo así en mi mente)—, apareció de repente Mosulla. Esto era precisamente lo que me temía, pues correteaba libremente como una niña por mis habitaciones, y no había sido capaz de alejarme de mis invitados ni un minuto para advertirla. Llevaba sus pantalones de seda y una chaqueta corta bordada. Se detuvo sorprendida —desvelada, por supuesto— y miró con los ojos muy abiertos a Wen, que se inclinó. Luego huyó. Wen se volvió hacia mí, sonrió un poco y levantó las cejas. Eso fue todo. Incluso volvió a la ventana.

Pero más tarde comentó a su manera fácil:

—Lo estás haciendo muy bien aquí, Jan.

Fue entonces cuando me dejé llevar. Era una tontería, pero su fría arrogancia me atraía.

—¡Es mi deber —grité— usar todos los medios para reunir noticias de la corte del visir!

—Por supuesto —dijo sonriendo. Luego añadió—: Es muy hermosa. Te felicito.

—Yo no la elegí. Me la enviaron como un regalo. No podía mandarla de vuelta; eso habría sido extremadamente grosero.

—Por supuesto —murmuró—, por supuesto.

No dije nada más. El silencio parecía más apropiado. ¿Qué podría haber dicho? Me sentí muy aliviado cuando Lu regresó y se llevó a Wen con él. Se detuvo en la puerta y dijo:

—Seguro que te gusta estar aquí solo con tus libros.

Sin duda, Lu oyó la ironía, pues miró hacia él. Wen continuó:

—Veo por todo que está a favor en el tribunal local. Con tus habilidades científicas, es natural. Tal vez te dignes a sugerir que Lu, Ch'ing y yo consideremos tan descortés como tú rechazar los encantadores regalos que el Barbarroja se sienta inclinado a enviarnos. Hemos viajado mucho y no hemos tomado ningún refrigerio en el camino.

No tendré nada que ver con esa bajeza. El Maestro ha dicho con razón que las personas que difieren en sus principios no pueden ayudarse mutuamente en sus planes.

Una docena de enormes porteadores cargaron a sus espaldas el equipaje personal del príncipe. Había muchos fardos atados con cuerdas y envueltos en esteras, tal como habían sido atados a las monturas de su caravana día tras día, y mostraban las marcas del viaje. Desembalé algunos de ellos, feliz de poder hacerle un servicio personal de esta manera. Dejamos seis fardos sin abrir en un rincón de su dormitorio. Creo que contienen regalos para la reina, aunque fue completamente descuidado con ellos. Solo preguntó si los sirvientes nativos también entraban en estas habitaciones. Inmediatamente le aseguré, por supuesto, que a partir de ahora nadie más que yo cruzaría el umbral. Así que disfruto del privilegio de servir en toda la intimidad al que, simplemente, no es el Hijo del Cielo ante el público.

Mosulla aún no ha vuelto. Ya he ido dos veces a la puerta del jardín que da a la estrecha calle lateral. Pasa una segunda hora. Mi príncipe está en el tejado, esperando tranquilamente la respuesta. Le llevé vino y lo encontré cómodamente estirado en un diván del pabellón. Como no dijo nada, sino que bebió un sorbo de vino fresco, me alejé y me senté de nuevo ante mi diario.

Mosulla nunca había estado sola de noche en las oscuras calles. Tengo mucho miedo por ella. Una niña está expuesta a muchos peligros. ¡Con qué facilidad pueden ser secuestrados ella y su sirviente y encerrados detrás de muros a través de los cuales ninguna voz puede penetrar!

Simplemente no me atrevo a darme cuenta de la situación actual. Está completamente enfadada y no tengo nada claro a dónde se supone que va a llevar todo esto.

Escrito al amanecer.

Era noche profunda cuando finalmente llegaron. El príncipe había esperado pacientemente y bebía un poco de vino de vez en cuando, que en total se había convertido en bastante, pero no pude detectar el menor signo de embriaguez en él; solo estaba muy tranquilo y como ausente. Tiene un espíritu fuerte, este mayor de los príncipes.

Desde la ventana oí el débil sonido de una llave chirriando en una vieja cerradura, y me apresuré a bajar las escaleras hacia el jardín. Caminaron tan silenciosamente como fantasmas entre los álamos. Las cascadas ondulaban en la noche; el pesado aroma de las rosas flotaba en el aire como un doloroso recuerdo de hermosas mujeres que amaron y luego murieron en esa suave noche persa. El corazón se me subió a la garganta mientras permanecía así en las sombras, pues había tres figuras, tres, que se deslizaban al abrigo de los álamos: primero Mosulla, con su andar ligero y libre —que reconocería bajo cualquier disfraz y en cualquier entorno—; luego, otro ser femenino que se movía con la misma libertad, y, por último, el paso tímido del criado.

Abrí la puerta de las habitaciones de las mujeres y ellas entraron y subieron las escaleras. Apenas podía creer lo que veían mis ojos, y mi mente apenas podía comprender quién era esta tercera persona… Se quitaron la ropa interior en mi presencia, y alcancé a ver a Roxana, la reina. Sus ojos, que antes me parecían aburridos, brillaban de aventura.

—Prepáralo para ella —susurró Mosulla— mientras yo la visto.

Por fuera, mantuve la misma actitud que Mosulla y me apresuré a marcharme. ¡Así que esta pequeña reina imprevisible había venido por sí misma, había robado a través de la noche al hombre que llevaba su sello! No podía entender cuánto sabía Mosulla de todo, pero sabía mucho. Nada se le escapó a sus ojos serios y brillantes. Y la vida en la corte, vista con esa prudencia innata que en todo el mundo lleva el nombre de mujer, le ha enseñado a tomar las cosas como son. Lo hace, mi Mosulla; es más práctica que yo.

Aunque estaba tranquilo, me temblaban las rodillas mientras subía los últimos escalones hasta el tejado. He visto a hombres volverse locos, por la embriaguez o la pasión o incluso en la batalla. Pero, por primera vez en mi vida, se me ocurrió que yo mismo podría estar en esa desafortunada trayectoria. Como la pasión se ha apoderado de mí de tal manera, este podría ser mi destino. Mientras me tambaleaba, no dejaba de repetir aquellas nobles palabras: «Aquel que mantiene su mente libre de la pasión sensual, que sirve a sus padres con todas sus fuerzas y sabe sacrificar su vida por su príncipe, tal hombre ha alcanzado el mejor y más alto grado de educación».

En el pabellón ardían tres lámparas de bronce. Gracias a su luz parpadeante, al pasar por encima del techo blanco y plano, pude ver a través de las celosías la noble figura del príncipe sentado. Esperé fuera para recuperar el aliento, pues no hay que presentarse ante los reyes con prisas, y luego entré.

Dejó la taza y levantó lentamente los ojos. Entonces me olvidé de mí mismo. Caí de rodillas y toqué el suelo con la frente.

—¡Oh, Hijo del Cielo! —comencé a decir.

Lanzó una exclamación de reproche, pero no en voz alta, pues incluso cuando bebía tenía un asombroso dominio de sí mismo. Me recompuse lo mejor que pude y, de alguna manera, me puse de pie.

—Está aquí —dije entonces con voz contenida.

—¿Quién es, Jan?

—La reina Roxana.

Cuando me di la vuelta para irme, me gritó:

—¡Quédate! Y ahora —dijo fríamente—, repite después de mí: Ch'ing, la mujer está aquí.

Al oír esto, me miró fijamente. Yo repetí:

—Ch'ing, la mujer está aquí.

—Así está mejor —comentó—. ¡No te olvides de nuevo, viejo amigo! Tráeme más de ese excelente vino. Y luego trae los seis fardos que aún yacen sin desempacar en mi alcoba.

Se levantó y sonrió. Se había quitado la ropa y parecía casi un niño con su chaqueta y pantalones cortos de seda. Se me ocurrió que, con la misma altura de espíritu que mostraba en sus aventuras, también podría conquistar nuevos mundos para la gloria de los Han. Sin duda, se convertirá en un gran gobernante si vuelve vivo a China. Pero no puedo decir nada sobre la perspectiva de un regreso seguro. A cincuenta días de viaje hacia el este se alzan los majestuosos picos blancos de Ts'ung Ling y los peligros acechan a lo largo del camino. Pero en la embriaguez de la sangre joven y caliente, los tronos se juegan aquí con volantes. Es muy posible que ninguno de nosotros vuelva a ver los gloriosos ríos y las ondulantes colinas del Reino Medio, ni mi príncipe, ni el hijo del duque Lu, ni el burlón Wen Fui, ni yo mismo. Ya es bastante malo que Roxana, en su juvenil desenfreno, no conozca la contención; ya es bastante malo que el heredero del Trono del Cielo esté aquí solo y sin protección; pero cuando la pasión tiende su sedosa red alrededor de sus jóvenes corazones, ningún hombre puede prever un día, o incluso una hora. Y ni siquiera hay astrólogos sensatos aquí a los que pueda recurrir. Aquí adoran el fuego. Sus cerebros están poseídos por la superstición, y su fe es un revoltijo infantil de nociones primitivas... Ahora me viene un nuevo pensamiento perturbador; la verja se abre hacia el interior del jardín, y la puerta por la que entramos en los aposentos de las mujeres sale directamente a un pasillo recto. Cuando ambos estaban abiertos, los espíritus malignos podrían haber entrado fácilmente. En verdad, entonces, ¿quién puede saber qué fuerzas malévolas han entrado con la reina, cerca de su lado, acompañando cada paso, pululando alrededor de su cuerpo encantador, y rodeando a Mosulla y a mí también? En cuanto los jardineros se despierten, haré que se levante un muro dentro de la puerta y otro fuera de la puerta de las mujeres. Debería haberlo pensado antes. Porque sabemos que los espíritus malignos no pueden ir por las esquinas. Quizá ya sea demasiado tarde. Pero tal vez se pueda mantener a unos pocos fuera, después de todo; y así, su alteza imperial —podría mi amigo Ch'ing— salvarse para el trono después de todo.

Sentí que sus ojos se posaban en mí, pero no podía mirarlo. Entonces, oí su voz que decía: «¡Toma esto!», y encontré mis dedos agarrados a una copa de vino. La bebí de un tirón. Volvió a llenar la copa, y yo volví a beber. Me ordenó que me sentara, y me hundí en el borde de un diván mientras él se paseaba arriba y abajo… ¡Me senté mientras el Hijo del Cielo estaba de pie ante mí! Pero entendí su intención: actúa con toda la razón; es la única manera de pasar esta situación inverosímil. Él mismo disfrutaba claramente de su extravagancia y peligro. Su sangre fuerte y audaz se erizó contra las formalidades restrictivas de la corte. Esa noche pensé, por primera vez, que los príncipes y las reinas son mucho más dignos de lástima que de envidia.

—Jan —dijo entonces pensativo—. ¿Qué te parece que haya venido?

Dudé en contestar. No me correspondía advertir o reprender a mi príncipe.

—Ni siquiera puede haberme visto —continuó—. En el mensaje que envió a través del vasto Mar del Sur —el mundo es bastante grande, Jan, mucho más grande de lo que sospechan los de Lo Yang, ¡y sería bueno gobernarlo como un solo imperio!—, me pedía que agraciara su corte con mi presencia o que la permitiera viajar a Lo Yang para que pudiera depositar su tributo a mis pies en persona. Me entregaron su sello, una piedra azul tallada, y un bonito dibujo de ella pintado en marfil.

Metió la mano en su chaqueta y sacó la bolsa, de la que extrajo una pieza ovalada de marfil.

—Es ella —dijo—. Realmente, es muy similar.

Me entregó la imagen. En efecto, el retrato era muy parecido: estaban los ojos interrogantes y vivos, que parecen tan desafiantes, y la boca ligeramente llena que promete tanta pasión.

—Así que viene en secreto esta noche —continuó—. Eso es lo que me sorprende. Porque la legación debió ser un asunto bastante oficial. El viejo Barbarroja debía saberlo.

—Oh, con toda seguridad —murmuré.

Pensando con toda rapidez en mi pobre cerebro qué curso tomar, no podía darle explicaciones completas, pues ella podía aparecer en cualquier momento en el tejado frente al pabellón. Le miré, dándome cuenta de que, a pesar de todo, era poco más que un niño con experiencia vital. ¿Qué sabía él del gran comercio de la seda, si sus pensamientos están llenos de aventuras románticas y mujeres? ¿Y cómo podría contarle todo sobre Roma en una sola frase, un país más lejano para él que la estrella más lejana? No era el momento de dar una lección de geografía a un hombre que nunca se había dejado enseñar voluntariamente. A los príncipes no les gustan las contradicciones. Debo actuar en consecuencia. Debo oponerme al deseo más íntimo de su corazón. Ninguna advertencia de peligro serviría de nada con él, porque el peligro es su elemento.

Lo que realmente me frenó fue la gran confusión en mi propio cerebro. ¿Roxana había venido en secreto o no? ¿La había enviado Ibn Shu Ber Din? ¿O la dejó pensar que estaba viviendo su aventura sin ser observada mientras él sonreía con su barba roja en el centro de su vasta red de intrigas? ¿O es que había logrado eludir a los eunucos vigilantes...? Alguien, dentro de esos altos muros del palacio, tenía que estar metido en esto; porque no hay libertad para las reinas. Lo que Ibn Shu Ber Din podría no saber en este momento, lo aprendería pronto... muy pronto...

Me recorrió un escalofrío y me castañetearon los dientes mientras me sentaba. Ch'ing (así debo escribirlo) debió de darse cuenta, porque me sirvió otra copa de vino y, mientras bebía, sonrió con un rápido destello en los ojos, mientras me preguntaba si el juego era demasiado grande para mí.

Habló con ligereza, pero quizás el significado no era tan ligero para él después de todo. Creo que le tembló un poco la voz. Probablemente, ni siquiera en sus momentos más orgullosos pudo olvidar del todo que la mujer de allí abajo era una reina. En todas partes hay algo peor que la muerte por un delito de este tipo. Bebió un poco más de vino y sonrió, pero, alrededor de su boca, se movía con excitación. El momento de la realización de su deseo —por el que había viajado impacientemente por un mundo— había llegado con una brusquedad que ni siquiera él había soñado.

Entonces, mi autocontrol me abandonó. Me arrojé a sus pies, le abracé las rodillas y le dije con suavidad:

—¡Oh, Hijo del Cielo!, por aquellos de tus ancestros que fueron ornamento del Trono de los Diez Mil Años, huyamos de esta tierra de espíritus malignos antes de que esta chica sufra daño... En mis establos están los caballos árabes más rápidos del mundo... ¡Oh, Hijo del Cielo!, hay una conspiración para destruir China desde un extremo del mundo hasta el otro.

Sentí que su mano se posaba firmemente en mi boca. Por un momento, luché como un loco, ¡luché con mi príncipe! Pero él es fuerte, así que me levantó rápidamente y luego me empujó de él:

—¡Jan! —dijo, y luego susurró con voz ronca—: ¡Está aquí!

Me acerqué a la ventana enrejada. Dos figuras con capa se movían por el tejado. Cuando se acercaron, mis ojos divisaron un destello de metal en las manos de uno de ellos: Mosulla llevaba los címbalos, la reina iba a bailar.

Inclina la cabeza cuando
el alero está bajo

Me miró con orgullo. Por extraño que parezca, tuve que pensar en el semental rojo sangre mientras me retiraba por el marco de una ventana y buscaba un lugar a la sombra del parapeto. La luz de la luna inundaba suavemente los tejados blancos y azules de la gran ciudad dormida.

A través de la celosía la vi de pie, orgullosa, en el umbral. También vi a Mosulla deslizarse silenciosamente en la sala y golpear suavemente los platillos una vez. El príncipe se inclinó con dignidad, pero no profundamente, como tampoco lo hizo ella. Me pareció que sus ojos se encendieron el uno al otro.

Ch'ing se abrió la chaqueta, sacó la bolsa y se dirigió hacia ella con el trozo de marfil pintado en la mano, se arrodilló mesuradamente, tocó el retrato con la frente y se lo ofreció. Estaba conmovida, podía verlo claramente. Apretó los labios y sus largas y curvadas pestañas se posaron por un momento en sus mejillas. Entonces, involuntariamente, hizo algo muy femenino, ya que ella también se arrodilló, agarró el cuadro y también apretó sus labios contra él, aunque no con suavidad, como había hecho él, sino con fiereza y excitación. Luego se lo devolvió. Y esta vez se inclinó sobre ella larga y profundamente.

Pude ver todo esto a la amable luz parpadeante de las tres lámparas de bronce.

Me cautivó enormemente cuando, pensando en ello, me di cuenta de que todo el contraste de Oriente y Occidente se revelaba en este saludo. Todos los que conocen al príncipe y están familiarizados con la vida en la corte piensan en él como un joven algo revoltoso. Sin embargo, al lado de esta reina de un imperio occidental, parecía extremadamente bien educado y culto, incluso imperioso. Es inconcebible que un príncipe chino, por muy atrevidas que sean sus inclinaciones personales, pueda librarse por completo de la influencia de nuestra infalible etiqueta, nuestra sublime historia, nuestra noble poesía y nuestras inmortales tradiciones. Y es igualmente inconcebible que un aventurero semita pueda, solo con astucia, usurpar el poder de un regente, abusar de él como instrumento de sus caprichos personales, degradarlo por la vanidad y la ignorancia altiva, y ponerse a desafiar la historia y el derecho... Sí, en un instante capté aquí la antítesis de dos civilizaciones, o, más correctamente, entre la cultura y la barbarie. Con su aparición en este lugar, ambos demostraron que habían perdido igualmente la cabeza. Sin embargo, él seguía siendo en todo momento el príncipe consumado, mientras que ella solo era una chica excitada. Y ella lo sabía. Desde el primer momento, cayó bajo su hechizo. El fuego ardía en los grandes ojos oscuros que colgaban tensos y —lo sentí claramente— llenos de anhelo en los suyos.

Me recompuse y fui a buscar un poco de vino. Me lo quitó, y él mismo llenó el vaso para ella. Entonces me retiré de nuevo y, como un porteador, arrastré los seis fardos uno a uno. Cuando vi que él se había sentado y ella estaba dispuesta a bailar, me detuve en la sombra.

La reina levantó lentamente los brazos, y su capa, la de Mosulla, se deslizó hasta el suelo. Llevaba los diez envoltorios de seda de la danza del velo. Podía oír el tintineo de sus pulseras y tobilleras, y el tintineo de las cadenas y joyas que colgaban de su orgullosa cabeza. Sus mejillas brillaron y vi cómo su pecho se agitaba. Por un momento, apretó la mano contra ella, como si temiera que se le escapara la respiración. Pero luego se recompuso y comenzó a bailar con decisión al ritmo acelerado de los platillos.

Ahora tengo muy claro que durante un tiempo sucumbí completamente a la magia de este espectáculo y de la noche de luna. El aire era como la seda en mi piel, y este pesado aroma a rosas, que me acompañará a partir de ahora, dondequiera que esté, hasta que me reúna finalmente con mis padres, penetró adormecedoramente en mí. Lenta y suavemente, y con una velocidad cada vez mayor, Roxana se balanceaba y giraba en los intrincados movimientos y figuras de esta danza tan encantadora: las brillantes fundas de seda se deslizaban una a una de su flexible cuerpo. Si quizás no es tan esbelta como mi perfecta Mosulla y un poco menos viva en sus movimientos, posiblemente la supera en la ondulación de los delicados músculos de la mano, el brazo y el hombro. Su piel se mueve y ondula como el agua bajo una ligera brisa.

El príncipe se sentó inmóvil, un perfecto gobernante, solo sus ojos siguieron sus movimientos. Pero creo que su respiración también se aceleró. Y sus ojos brillaban. Si la danza ya le había despertado cuando estaba sentado entre los demás curiosos en la terraza del jardín de Ibn Shu Ber Din, a la luz brillante de la tarde, cómo no solo aquí, en este pabellón solitario del tejado, a la luz vacilante de las tres lámparas de bronce, consciente de que ella le ofrecía sus encantos a solas. Cuando consideraba todo esto —y debía estar claro para él—, uno solo puede admirar la férrea voluntad del hombre por la que se sentó allí tan tranquilamente, cada centímetro como un rey... Velo tras velo cayeron hasta que, tras un último remolino de una devoción más allá de lo que jamás he visto, la consumadamente hermosa criatura emergió de la última cáscara brillante.

Entonces, por fin, el príncipe emitió un sonido —un sonido ronco que parecía cortar la noche de seda— y se levantó del diván. Todavía podía ver cómo atraía su cuerpo entre sus brazos y la apretaba salvajemente contra él. Entonces, discretamente y como un sirviente bien entrenado de este extrañísimo gran palacio, Mosulla apagó una lámpara tras otra y salió de puntillas.

Susurré su nombre. Luego se apresuró a acercarse a mí y me descubrió. Nos quedamos en silencio durante mucho tiempo, contemplando la pálida ciudad encantada. Me di cuenta de que colocaba un objeto detrás de mí en el parapeto y me di la vuelta. Era un reloj de arena.

Fue así que se había metido en los aposentos de la reina gracias a la connivencia de dos eunucos y una dama de compañía. Cree que ninguna de estas tres personas se encuentra entre los espías del visir, pues son odiados y en su mayoría conocidos en el entorno de la reina.

—Como espía, me enviaron allí primero —susurró—, pero nunca le di al eunuco jefe un informe verdadero. He hecho mucho por su majestad, y creo que ella confía en mí. Muchas veces antes le he entregado mensajes, y tampoco se ha pensado en mi apariencia esta noche. Le di una orden a la señora del servicio, y a través de ella llegué a la reina.

—Pero, ¿cómo le explicaste todo?

Mosulla levantó los ojos hacia mí y me miró pensativa.

—No he dicho nada, mi amado. Le presenté el sello que envió a su príncipe el año pasado. Sabía, tan bien como ella, que nadie más que él podría habérselo devuelto. También se había enterado de la llegada de la legación del lejano Ch'in. Le pregunté si la había visto bailar esa tarde. Cuando respondí afirmativamente, se emocionó mucho. Entonces, me preguntó dónde estaba, y cuando le expliqué que su presencia era un secreto, insistió en ir hacia él. Le sugerí que tuviera paciencia durante un tiempo y que preparara cada paso con cuidado, pero no conoce la paciencia. Ha esperado demasiado tiempo este momento y no le gusta esperar. Sé que ha recreado este encuentro una y otra vez en su imaginación… No, nada podría haberla retenido esta noche. Nunca la he visto tan impetuosa, aunque a menudo ha sido feroz.

—El visir se enterará —dije al fin, dando voz a mis temores.

Ella inclinó la cabeza.

—Tal vez. Probablemente, incluso. Definitivamente, si viene a menudo. Pero hay gente a su alrededor que es tan protectora de sus secretos como yo. Y planeó su huida con cuidado y habilidad. Sabes que tiene una mente aguda y clara. Eso es lo que la hace tan difícil de guiar. Primero me despidió y me pidió que esperara fuera, en la puerta de un jardín junto al río. Durante mucho tiempo me quedé allí hasta que se corrió. Tenía mucho miedo

—dijo, mientras se acurrucó en mi brazo—, pero no pasó nadie. Luego nos apresuramos por las calles más tranquilas del otro lado de la ciudad. —Miró con nostalgia hacia el oscuro pabellón—. Pero no debe quedarse aquí mucho tiempo. Es demasiado peligroso.

—Pero no podemos hablar con ellos.

—No, no podemos.

—Nunca debería haber venido.

Ella lo admitió.

—El miedo me tortura, Mosulla. Esto no puede ser amor, ya que nuestro sentimiento es el amor.

—Ciertamente, no. Esto es aventura. Y, además, es una rebelión. Ella está fuera de sí, y está jugando para tener un reino más grande que Balkh. Hará cualquier cosa por eso.

—Intentará sacarle el secreto de la seda.

—Ciertamente.

—Ese pensamiento me preocupa mucho. Porque es poco más que un niño que busca su placer allá donde pueda encontrarlo. Poco entiende del gran comercio sobre el que las naciones construyen su prosperidad y por el que luchan los ejércitos.

—Recuerda, amado —dijo—, que no pueden hablar entre ellos. Solo a través de ti pueden comunicarse.

Lo había olvidado. Mosulla continuó:

—Debes iluminarle. Háblale de Roma y de todo lo que quiere quitarle a China.

—Apenas querrá escuchar. Y, probablemente, no le importe todo eso.

—Pero debes decírselo.

—Es tan testarudo como ellos. Y ahora sus pasiones están en juego. Él es mi gobernante. Si desafío sus deseos, me entregará el cordón de seda con toda solemnidad.

—¿Y qué significa eso, mi amado?

—La muerte.

Sentí su cálido cuerpo acurrucarse contra el mío.

—Todavía tienes que decírselo —susurró.

Mosulla giró el reloj de arena. La luna estaba ahora más alta en el cielo.

—Nunca debió venir —dije.

Ella repitió mis palabras:

—Nunca debió venir. —Y añadió—: No sé qué va a pasar ahora.

—Yo tampoco.

Tenía sus brazos alrededor de mi cuello y su mejilla contra la mía. Estaba húmeda.

—Se olvidan de todo. Y, sin embargo, la vida de mi príncipe pende de un hilo.

—Tu vida también, oh mi amado. —Y, con un pequeño sollozo, añadió—: Y la mía.

—Si te vas, Mosulla, te seguiré en esa misma hora.

—Pero no si tu príncipe vive. Tu vida no es la mía, sino la suya.

Mosulla volvió a girar el reloj de arena. Nos rendimos al destino y hablamos más tranquilamente entre nosotros.

—Temí un desastre para este joven altamente dotado hace dos años cuando le enseñé los clásicos. Porque no quería aprender. Confucio nos dijo: «Amados, detrás de las seis virtudes hay seis sombras». El amor al bien sin la voluntad de aprender proyecta una sombra llamada locura. El amor al conocimiento sin la voluntad de aprender proyecta una sombra llamada inconstancia. El amor a la verdad sin la voluntad de aprender proyecta una sombra llamada indiferencia. El amor por la apertura sin la voluntad de aprender proyecta una sombra llamada grosería. El amor a la firmeza sin la voluntad de aprender arroja una sombra, que se llama extravagancia. El amor a la audacia sin la voluntad de aprender proyecta una sombra llamada impetuosidad… Debemos tener siempre presentes estas verdades. Aquí está el lado débil de mi príncipe. Me temo que no tiene la voluntad de aprender.

—Tampoco la reina —murmuró.

—Poseemos otros sabios dichos del Maestro que significan lo mismo. En respuesta a una pregunta de Tzu Lu, dijo: «No elegiría a un hombre para dirigir un ejército que atacara a un tigre desarmado, o que cruzara un río sin barco, o que sacrificara su vida sin dudarlo. Prefiero elegir a un hombre que no emprenda ninguna empresa sin miedo, y que piense sus planes sabia y cuidadosamente antes de llevarlos a cabo». Con ninguna otra palabra podría expresarse mejor la fatal debilidad de mi príncipe. Él es...

Su suave mano se posó en mi boca. Ella escuchó con tensión y luego susurró:

—¡Hay hombres en la calle!

Y mientras ella hablaba, yo también oí ruidos y el tintineo del metal.

Nos levantamos de un salto y nos asomamos cautelosamente por el parapeto. Cuatro soldados pasaban de largo. Sin duda, formaban parte de la guardia que era relevada del servicio en la muralla de la ciudad.

Quedamos tranquilos y nos tumbamos de nuevo en las esteras y cojines que había llevado al tejado. La luna había pasado su cenit y se hundía en el cielo occidental.

—No sabría que la reina había bailado hoy delante de los hombres si no lo hubiera mencionado antes —dijo Mosulla.

—No debería haber hecho eso.

—Es terrible. Oh, señor mío, estas son las cosas que preocupan a los bienintencionados miembros del tribunal. Todo es culpa del visir. No tiene gusto, porque, simplemente, es ordinario. Y, sin embargo, tiene un poder absoluto. Se dice que la reina viuda, la madre de Roxana, se levantaría horrorizada de su tumba si supiera lo que está ocurriendo. Para Ibn Shu Ber Din no hay nada más placentero que hacer alarde de su influencia sobre la alta sociedad. Debe de haber sido un placer para él instigar a la reina a bailar. Esa es su manera de ser. En su palacio ocurren cosas terribles, especialmente cuando él y los nobles beben. Una noche, cuando había invitado a los señores romanos a una gran cena, hizo violar a dos hermosas muchachas vírgenes y luego las mató. Había oído hablar del esplendor de los romanos en su propia tierra, y de su poder sobre ejércitos de esclavos, por lo que quiso mostrarles su propia idea del poder de la manera más cruda.

—¡Pero eso es espantoso! —dije.

—Así es la vida —dijo con naturalidad, dando por terminado el tema con un encogimiento de sus bonitos hombros—. Y estas cosas no son ni siquiera las peores. El propio antepasado de Roxana, el gran Iskander…

—¿Es el mismo al que llaman Alejandro? —interrumpí.

—Sí, Alejandro es la forma griega de su nombre. Sus manos estaban llenas de sangre. En todas partes de esta región, y también en Jorossán y Mosul, en Azerbaiyán y Partia, y al norte, en Merw y Maracanda, escucharás los relatos de sus terribles hazañas. Sabes, mi amado, era muy joven, y despiadado y fuerte. Esclavizó a toda Balkh y Sogdiana y quemó a doce millones de personas solo en esa región. No conocía las inhibiciones ni la amabilidad. Mató a niñas, niños y madres.

Un poco más tarde, le pregunté:

—¿Crees que es posible, ya que conoces a la reina, que tal vez ame al príncipe, como tú, mi rubí de rubíes, has aprendido a amarme? ¿Para que luego se oponga a los planes del visir?

—Es posible —respondió pensativa—. Todo es posible. Ya ha perdido la cabeza por muchas cavilaciones. Creo que es su primer marido, como tú eres mi primer y único marido. Sé por mí misma lo confuso que puede ser un gran sentimiento, y, sin embargo, conozco el autocontrol, pero ella no. Además, ella es mucho más impetuosa que yo. Sí, todo es posible.

Durante un rato, pensó con la cabeza inclinada. Luego continuó:

—Pero ella es cruel, y yo no, y además es muy ambiciosa. No tiene alma, solo una gran inquietud está en ella. La pasión la agitará, por supuesto, pero no creo que la confunda ni la debilite. Quizá, incluso la refuerce en sus intenciones, pues cuanto más excitada esté, más peligrosa será. Muchas mujeres, creo, prefieren dar antes que tomar, porque es su manera de ceder y ser mansas. Sin embargo, Roxana es todo menos débil. Ella no da, toma. Creo que, incluso esta noche, en su arrebato, no está dando, sino tomando.

—Si resulta así, tendremos que estar preparados para la batalla de dos voluntades fuertes —dije—, porque mi príncipe nunca da.

—Yo también lo pensé —dijo simplemente—. Así, oh mi amado, es como una mujer ama. Primero, se entrega porque debe o porque quiere. Entonces, se asusta de sus propios sentimientos, intenta esconderse e incluso piensa en la muerte. Pero luego, cuando ha pasado poco tiempo, la naturaleza susurra al oído de su corazón y anhela al hombre. Así que se entrega de nuevo, al desconocido, una y otra vez. Ahora lo conoce, y, poco a poco, se da cuenta con alegría de que lo ama, o, con dolor, de que no lo ama.

Acomodó su mano en la mía.

—Oh, mi amado, temo que la reina pueda odiar algún día al hombre. Podría ser. Y entonces ella podría hacerle lo peor posible. Pero hay que tener en cuenta que, en realidad, se entregó porque quiso. Solo el sentimiento de una mujer que se rinde porque debe hacerlo puede convertirse en un odio salvaje. —Hizo una pausa, miró a su alrededor con un poco de ansiedad y luego apretó sus labios contra los míos durante un momento antes de continuar—. Solo sabemos una cosa con certeza, y es que Roxana actuará con fiereza. Probablemente, temblará todo el día deseando estar en sus brazos de nuevo.

—Pero no puede venir aquí todas las noches sin que se descubran sus acciones y se produzca un escándalo —dije—. Ahí está la desgracia.

Mosulla inclinó la cabeza.

—Pero ¿quién va a negarla?

—Ibn Shu Ber Din.

—Aparte de él, nadie, sin duda. De todos modos, debemos recordar siempre que esta pasión no es amor. No sabemos ni cuándo ni si se convertirá en amor, porque el amor es tanto un milagro como un desarrollo. Y también debemos recordar que Roxana es la mujer más orgullosa de Balkh. Le encanta su sangre real y el poder que cree tener —que realmente tendrá algún día si sigue viva—, y le gusta verse a sí misma como la herramienta de una intriga que sacude el mundo. Por lo tanto, podemos estar seguros de que no olvidará por completo su intención de buscar al príncipe. Algún día se le ocurrirá, ahora no, por supuesto… Recuerda, querido, que es orgullosa. Y no conoce inhibiciones, ni por religión ni por educación. Mientras este Ibn Shu Ber Din gobierne, tampoco aprenderá nada de estas cosas. Esa es su desgracia, como es la desgracia de todo el reino. Realmente, a menudo pienso que Dios destruirá este Balkh una vez más debido a las fechorías de este hombre. Pero, aunque es una criatura mimada, incluso malvada, es orgullosa. Se le ha prometido casi toda Partia. Nunca antes se había dado tanto a una reina, ella lo sabe. Sabe mucho, y aunque es obstinada, no es en absoluto tonta. ¿Comprendes, oh rey de mi corazón, cuán grande debe ser su pasión, que ha dejado de lado su plan más importante al respecto?

Mosulla giró el vaso. La luna estaba baja. Acaricié su bata de seda.

—Mi dulce Mosulla —le dije—, quiero que sepas que la seda no es ni un árbol ni una planta ni el producto de un escarabajo, sino el de una oruga.

Contuvo la respiración, sorprendida, y fijó sus grandes ojos oscuros en los míos.

—Es una oruga o gusano, mi granada, cuya dieta consiste exclusivamente en las hojas de la morera.

—Pero ¡seguro que tenemos moreras aquí en Balkh y también en Partia y en Mosul!

—Ciertamente, y a menudo las miro y pienso en el secreto de mi pueblo. Intenta imaginar en imágenes lo que te voy a contar.

—Pero no debes decirme nada de esto.

—Debo hacerlo. Mi vida te pertenece. No tendré ningún secreto para ti... En todas las tierras de mi pueblo que se encuentran más allá de las altas montañas y más allá del Paso de Jade, hay miles y miles de aldeas en las que habita una pacífica población campesina en bonitos caseríos amurallados. Así es en las tierras de Ch'in y Ch'u, en Yüeh y Wu y Lu. Y en todos los hogares de estas bonitas aldeas, en abril, las mujeres sacan de las vigas las bolsas de huevos diminutos para que las orugas salgan arrastrándose. Pues los huevos, querida, se pueden mantener sin daño mientras no entren en calor. Durante todo el invierno cuelgan en sus bolsas en las vigas. A continuación, se colocan en estiércol caliente y se incuban allí. A continuación, las orugas jóvenes se colocan en hojas verdes de morera y se les deja comer todo lo que quieran. Todos los días reciben hojas frescas. Por la noche, las mujeres de la familia se turnan en la vigilancia para que no se escape ninguna.

»Cuando han crecido del todo, el ama de casa las mantiene a la luz todos los días. Cuando las orugas se vuelven transparentes, sabe que quieren girar dentro, así que coloca cada una en un trozo de papel de arroz. Allí, el animal se hila con un capullo de los delicados hilos llamados seda. Durante cuatro o cinco días las orugas giran incansablemente. Sin embargo, finalmente la tela se termina, y parecen encogerse en ella, incluso morir. Pero no mueren, porque si las dejas solas, la pupa se convierte en una mariposa, la polilla de la seda, de la que puedes volver a sacar huevos. Pero la mariposa destruye el capullo cuando eclosiona. Así que, si prefieres la seda a los huevos, te acercas el capullo a la oreja y lo agitas. La oruga se agita en su interior como una judía en una vaina seca cuando llega el momento. Ahora se echa el capullo en agua caliente para matar a la oruga y se enrolla el hilo en una bobina. Y del hilo, ¡oh mi flor de albaricoque!, se teje la tela que envuelve tu cuerpo adorado...

»Así sucede en todos los pueblos de Ch'in y Ch'u, de Yüeh y Wu y Lu. ¡En miles y miles de pueblos y en millones de familias! Así se extrae e hila la seda, que es transportada diariamente por decenas de miles de camellos en dirección oeste por el Paso de Jade hasta las altas montañas, y desde allí llega a sus comerciantes en T'ai Can y Balkh, y a través de sus manos a Roma. Si a China se le robara el secreto de su producción de seda, ¡todas estas familias tendrían que perecer! ¿Todavía te sorprende que el gran Pan Ch'ao guarde el camino hacia el oeste como un gigante en la pared de la montaña de Ts'ung Ling? ¿Todavía te sorprende que el trono lo haya nombrado protector general de los hijos de Han? ¿Comprendes que todos los años, en el tercer mes, quemamos las preciosas sedas como sacrificios en las grandes vasijas de bronce que están en el Templo del Cielo?

De repente, Mosulla apretó sus labios contra los míos por su corazón desbordado.

—¡Me lo has dicho! —susurró feliz—. Me lo has dicho.

Luego, volvió a mostrarse comprensiva y dijo:

—Pero si puedes mantener los huevos todo el invierno sin que las orugas eclosionen, ¡entonces puedes llevártelos muy fácilmente!

—Ciertamente —concedí—, suficientes huevos para arruinar el comercio de la seda de China en una generación podrían ser ocultados en un palo de bambú y llevados inadvertidamente a través del Ts'ung Ling.

Mosulla giró el vaso. Sacó de su pecho un pequeño paquete que contenía dos cajitas de un polvo oscuro. Una de las cajas que me entregó.

—Esto es más seguro que el extracto de cáñamo —dijo.

Con un hilo que arrancó de su bata, anudé la caja, me la colgué al cuello y la metí debajo de la ropa.

Cuando pienso en Mosulla en la luz temprana de Balkh.
Mi amor no es un sauce que se balancea;
ni una flor de melocotón que se desvanece con la primera brisa...
Es un iris con una fragancia delicada y dulce,
una flor de loto que flota en el agua pálida,
un crisantemo que todavía sonríe en la escarcha:
es un faisán con una orgullosa mata de pelo,
es un pato mandarín.
En una tierra que no conoce el Libro de las Odas,
nos sentamos de la mano en el tenue techo,
y la muerte sonríe desde cada sombra vacilante.
Mi amado y yo somos como la pareja de pájaros que solo tienen dos alas,
cada uno posee un solo ojo y una sola ala,
si nos separamos, nos lanzamos miserablemente al suelo.

Mosulla me tiró de la manga. Contuve la respiración.

—Han llamado —susurró.

Entonces, oí una palmada. Nos apresuramos juntos hacia el pabellón. Encontré el camino hacia el brasero que brillaba débilmente y, con dedos torpes, encendí las tres lámparas de bronce. Luego me arrodillé y toqué el suelo con la frente. Un crujido de seda y un tenue aroma a rosas me indicaron que Mosulla estaba arrodillada a mi lado.

—Trae los paquetes —dijo su alteza imperial con una voz extrañamente suave.

Cuando me apresuré a salir obedientemente, tuve la indistinta impresión de mi príncipe erguido, alto y fuerte junto a la celosía, mientras la reina yacía tendida en los cojines del diván, mirándolo bajo los párpados bajados como si estuviera atrapada en un sueño. Había rodeado su bata de seda con los brazos y la llevaba tan descuidadamente como Mosulla suele llevar la mía. Su boca ya no mostraba la expresión de aburrimiento que habitualmente conocía en ella, sino que era suave y muy seria. Evidentemente, no se percató de mi presencia ni de la de Mosulla en absoluto; solo vio y sintió al gran joven de la reja que un día gobernaría el mundo y que ahora gobernaba su propia alma revoltosa hasta un punto que quizá la desilusionó tanto como la asustó. Se había quitado el brazalete egipcio de oro que solía llevar alrededor de la frente, por lo que el pelo cortado y grueso caía sedoso sobre su rostro brillante sin que ella le prestara atención. Nada podría haber mostrado más claramente que ella no poseía su dignidad innata. Se recostó lánguidamente en los cojines y dejó que las yemas de sus dedos se deslizaran sobre un trozo de la seda que la envolvía, como si el tacto de aquella superficie suave y tersa estuviera maravillosamente en sintonía con sus pensamientos soñadores.

Traje los fardos uno a uno —dos a la vez eran demasiado pesados— y los alineé contra la pared. Por un momento, me esforcé por desatar la cuerda anudada del primer fardo, luego recordé que debería haber traído un cuchillo. Murmuré una disculpa y me apresuré a bajar las escaleras muy emocionado, pero ahora creo que ni el príncipe ni Roxana se dieron cuenta de que los había hecho esperar. Luego corté la cuerda y limpié las esteras polvorientas, pero, entonces, me encontré con otro paquete de plomo blando, casi de papel. También tuve que cortarlo, pero aún quedaban envoltorios de seda por debajo. Reverentemente, me los quité.

El primer objeto que surgió fue un recipiente para ofrendas de carne. Tenía forma de cuenco con dos asas lisas, se apoyaba en tres patas curvas y la tapa estaba decorada con tres bueyes reclinados bellamente modelados. El material era pesado, oro suave, aparentemente colocado sobre bronce. Con las manos temblorosas, la coloqué sobre la mesa, pues enseguida reconocí que se trataba de una pieza preciosa de la época de la dinastía Chou, con, al menos, mil años de antigüedad, si no más, y que solo podía proceder de las colecciones reales. Miré respetuosamente a la reina y vi un destello en sus ojos oscuros al notar el brillo apagado del oro.

El príncipe levantó la tapa con ambas manos, se arrodilló ante la chica de la manera más respetuosa y la sostuvo para que ella pudiera ver la inscripción grabada —*Chu nu yi ta tzu tsun yi*—, y me ordenó que se la tradujera. «Vasos y cuencos para el heredero legítimo de las mujeres de la casa imperial», traduje al idioma yüeh chih con voz insegura.

El segundo objeto era una vasija de nuestra época, o al menos hecha en este siglo, supongo. Estaba hecha de arcilla y tenía un esmalte verde brillante que estaba salpicado de nubes más oscuras de superficie finamente astillada. El ornamento mostraba una representación mitológica en bajorrelieve: tigres perseguidos por hombres con arcos tensos que montaban dragones. Las asas consistían en anillos sostenidos por las cabezas de extraños monstruos. El simbolismo del diseño hacía referencia a la eterna lucha entre el cielo y la tierra.

Ahora sabía con certeza que el príncipe había elegido algunos de los inestimables tesoros del palacio para ponerlos a los pies de Roxana en este momento tan romántico de su joven vida. No poseía nada de la moderación estadista que había guiado al general Pan Ch'ao en la selección de sus regalos. Este fastuoso regalo a la reina, que tan pronto se había convertido en su amante, le producía placer, lo comprendía bien, pero mi corazón estaba lleno de ansiedad.

Sobre su dedo, que ella le dejó como algo natural, deslizó un pesado anillo de dragones entrelazados. Alrededor de su cuello le colocó un collar de oro grabado y plateado con un candado simbólico elaborado como colgante, y ella inclinó la cabeza hacia delante como una niña. Luego le puso dos largas horquillas en su espesa cabellera, horquillas con cabezas de plata labrada, de las que colgaban casi hasta los hombros cuádruples hilos de perlas sostenidos por triples broches. Los dos se rieron suavemente al ver lo que le costó sujetar las horquillas en sus rizos cortos y sueltos. Creo que nunca había visto a otra mujer cuyo pelo no estuviera enrollado alrededor de la cabeza o unido con peines, joyas y gemas para formar el peinado prescrito. Los delgados dedos de Roxana jugaban ahora soñadoramente con las perlas que deslizaba por su dedo índice y pulgar. Su suave superficie parecía satisfacerla como lo había hecho antes la seda.

Luego le colocó en la cabeza la corona nupcial más hermosa que jamás haya visto, un alto arco de preciosa filigrana de plata dorada en el que estaban representadas las cabezas, las alas y las colas de los martines pescadores; los ojos eran de esmeraldas, y se habían insertado grandes perlas por toda la estructura finamente entrelazada para darle brillo. En la parte superior del arco, entre las dos cabezas de los pájaros, había un pequeño templo reluciente con techos de pagoda, y, para redondear el borde exterior decorativamente, había siete tupidas bolas de seda verde con borlas... A su cintura le ató una cadena de artículos de tocador, todos ellos de plata dorada, con los más delicados limpiadores y raspadores para sus bonitas uñas, un cepillo para los ojos, un cepillo para los labios, y con otras cosas para las que las mujeres encuentran un uso sorprendente, pero siempre delicioso.

Dos fardos contenían solo jade y nefrita. Nunca había visto una colección tan exquisita. Los ojos de Roxana se agrandaron y brillaron cuando las piezas, una a una y todas cortadas a la misma perfección de estas piedras tan exquisitas, salieron de sus envoltorios de seda y encontraron un lugar en las mesas y taburetes, y, finalmente, incluso en el suelo. Había jarrones con flores, cuencos con fruta y jarras de cuello ancho; había otros cuencos, copas y jarras para el vino; además, medallones redondos y tablillas oblongas con inscripciones auspiciosas; había una jarra de vino del más puro y duro color verde musgo; había pequeñas pantallas de ambientación con paisajes recortados y una con los ocho inmortales, y otra con dragones; había cetros *ju-i* y soportes de espejos tallados, horquillas, peines, pendientes, joyas para la frente, brazaletes, incensarios de tres patas (Mosulla se escabulló y volvió con incienso, que prendió con un carbón encendido), flores talladas y manos enteras llenas de joyas que yacían descuidadas en los cuencos de jade, los botes de maquillaje y las polveras, peces tallados, monos, flores de loto y nudos de la suerte indisolubles, collares entrelazados, sellos, abanicos con adornos de borlas, cerraduras sin llave, tobilleras y un único jarrón precioso y enormemente bello en forma de magnolia del más puro blanco lechoso, que había sido llevado por el tratamiento a un asombroso parecido con esa blanca flor. Los colores de estos magníficos objetos alternaban entre el verde manzana, el blanco con manchas verde esmeralda, el verde gris, el celadón, el verde lechuga, el verde hierba y el verde de los nabos hervidos. Junto a estas magníficas tonalidades, se encontraban los tonos amarillo verdosos de la nefrita, el gris con infiltraciones azules y rojas, los suaves colores blancos de las tonalidades de la nata y el suero, y el blanco perfectamente transparente de la grasa de cordero, que es, por supuesto, el más raro y hermoso de todos.

Los tres fardos restantes contenían seda. Dos eran de tamaño medio, el tercero era muy voluminoso y pesado. Abrí uno de los más pequeños y encontré telas para vestidos en su interior. Extendí rollo tras rollo de la brillante gasa tejida en patrones translúcidos, eran los más hermosos que había visto. Mosulla me ayudó hábilmente y los colocó en el diván donde la reina podía mirarlos y sentirlos. Lo hacía sin aliento y tiesa de felicidad, solo a veces se apartaba un momento para beber un poco de vino de la copa que estaba en una mesita junto a su codo. Me di cuenta de que no solo sorbía un poco, como hacemos nosotros, sino que bebía a tragos placenteros; y también me di cuenta de que el príncipe estaba siempre dispuesto a llenar de nuevo la copa, y que más de una vez bebió él mismo de ella, lentamente y con la tranquila elegancia que le es propia; haciéndola girar entre sus manos mientras lo hacía, y colocando sus labios exactamente en el mismo lugar que había tocado su hermosa boca pintada. Ella también lo notó, y, una vez levantó sus ojos contentos y brillantes hacia él, sonrió. Luego, su mano buscó el hombro de ella y se posó allí ligeramente durante un rato.

Entre las finas sedas, todas ellas del tipo que Mosulla llama *coa vestis* en su extraña lengua, había rollos aún más grandes. Cuando los abrimos, descubrimos prendas confeccionadas a nuestro estilo, pesados abrigos y túnicas espléndidamente bordados con motivos florales, los hilos del bordado envueltos en pan de oro puro y suave. Uno de ellos era un manto de mujer sin mangas con un diseño de cestas de flores y frutas, es decir, peonías, lotos, crisantemos y el nenúfar nelumbo con sus características vainas de semillas, además de dedos de limón y ramitas de bambú, granada y melocotón unidos por cintas ondulantes, y todo ello tejido en muchos colores vivos y con mucho oro brillante sobre un fondo azul oscuro. El borde era una estrecha franja con un diseño de flor de lis. Ya he mencionado que esta prenda estaba tejida, ya que era efectivamente un *k'o ssu*, un producto del telar, y no del bordado, y aquí y allá también noté rastros del pincel. Como es sabido, nuestros más bellos tejidos de seda son tratados al final con pincel por un pintor.

Por supuesto, la reina quería ponerse esa túnica, así que se levantó y dejó caer el abrigo del príncipe. Esto hizo que se pusiera de nuevo en pie, aunque esta vez de forma bastante inconsciente, con su ligero traje de baile. Me pasó por alto completamente. Podría haber sido fácilmente un eunuco. Envuelta en la larga capa, se dio la vuelta y se puso a brincar delante del príncipe como una niña dichosa. Entonces, se extendió la siguiente túnica, y me asusté un poco al ver que era una túnica imperial bellamente bordada, de seda pesada, de un delicado color verde manzana, y con una representación de dragones que se elevaban al cielo desde las furiosas olas del mar. Los dragones de cinco garras perseguían discos rodantes de los que emanaban rayos brillantes como símbolo de omnipotencia. Entre las nubes volaban murciélagos, que significaban buena suerte, y también había dibujos de esvásticas conectadas con signos *shou* en forma de anillo, que significan diez mil años. El cuello y los puños eran de seda azul oscuro, el forro azul pálido de la suave seda llamada damasco en este país. No me consuela que ni siquiera pueda apreciar todo el significado de este regalo. Inmediatamente, se puso la túnica alrededor de su esbelto cuerpo, todavía por encima de la capa sin mangas, y levantó su joven rostro con bastante entusiasmo hacia el príncipe. Sonrió y nos dijo que continuáramos. Así que extendimos las demás prendas una a una sobre el diván.

Entonces, el príncipe señaló el mayor de los dos fardos, aún sin abrir. Cuando corté las cuerdas y desenrollé la lámina protectora de plomo, encontré en su interior una pieza tras otra de los brocados más bellos del mundo, fundas de almohada y colgaduras de pared de los templos y varias colchas de terciopelo de seda. Todos ellos eran, por supuesto, productos de la manufactura imperial de Lo Yang. La visión de la primera pieza casi me dejó sin aliento. Era un manto de atlas rojo con un gran dragón dorado que buscaba agarrar una piedra preciosa; esta representación ocupaba una página entera, y en la otra había un faisán con un orgulloso adorno de plumas que sostenía una rama de peonía en el pico, y, en medio, en el más fino trabajo de aguja, había un gran carácter que significaba doble alegría (*shuang hsi*). Tuve la sensación, y la vuelvo a tener ahora mientras escribo, de que no debería haberle dado esta pieza. Me pregunto qué diría el protector general si lo supiera. Luego vinieron otros tres rollos de brocado, del tipo que el emperador Ming Ti, y otros gobernantes desde entonces, gustaban de regalar a los gobernantes de tierras lejanas. Mostraban los consabidos motivos florales alternados con los palacios y pabellones de varios pisos, adornos en forma de caparazón de tortuga, águilas con ramas de flores e instrumentos musicales, es decir, todas las representaciones simbólicas habituales.

Otro gran trozo de terciopelo de seda presentaba motivos de loto tejidos en la habitual composición con parejas de murciélagos volando. Luego vino una túnica de terciopelo florecido con un atrevido y amplio ribete en forma de cruz gamada; una chaqueta de montar con peonías florecidas, crisantemos y grandes mariposas sobre un fondo de seda azul; además, extendimos ante la reina casi otras veinte magníficas obras de arte textil. Por supuesto, ella no podía tener idea del significado de todos estos complicados patrones, tan finamente ejecutados hasta el infinito. Pero me conmovió profundamente el hecho de que los doce ornamentos (*chang*) de las antiguas vestimentas de sacrificio estuvieran representados en la colección, a saber: el sol con su pájaro de tres patas y su banco de nubes; la luna con su liebre destruyendo el elixir de la vida con un palo en un mortero; la constelación de tres estrellas; las montañas, que con razón veneramos tanto; los dos dragones de cinco garras; las aves de flor o los faisanes, como es habitual, en parejas; las dos copas de sacrificio con el tigre y el mono; el engendro; las bandas de fuego flameantes; el medallón con los granos de mijo dispuestos en hileras; el hacha, así como el carácter que significa distinción honorable... El príncipe, evidentemente, deseaba que los doce estuvieran representados.

Me pregunté qué habría en el último de los preciosos fardos. También reflexioné sobriamente que el tiempo pasaba muy rápido. Esta joven pareja real había olvidado, obviamente, todo lo relacionado con su gran felicidad. Como Mosulla estaba siempre ante mis ojos y recordaba muchas horas de nuestra propia felicidad, que ha llenado y dominado mi vida cada vez más durante algún tiempo, podía simpatizar con su estado de ánimo. Pero no podía olvidar con la misma facilidad que esta joven pareja todos los peligros por los que, como todos nosotros, estaban acosados. Una vez vi a Mosulla mirando furtivamente a través de la ventana hacia el cielo del este. Siempre está pensando en todo. Mosulla no es solo una mujer, es un ser independiente con mente y carácter. Nunca he visto nadie como ella.

Abrí rápidamente el último fajo, y enseguida me di cuenta de que esos pergaminos no podían ser otra cosa que parte de las preciosas y bastante insustituibles pinturas de seda tejida que cuelgan o han colgado en abundancia en las paredes del Palacio Celestial. Durante mucho tiempo he sido de la opinión de que en estas espléndidas representaciones de la vida la artesanía china ha alcanzado su cima, y me parecen el florecimiento más noble de nuestro arte. Pero de nuestro audaz y testarudo príncipe, no habría pensado, a pesar de todo, que realmente secuestraría estos famosos tesoros del palacio de Lo Yang por su repentino arrebato de afecto hacia una joven reina distante y adelantada. Pero lo hizo. No se me permitió comentarlo, y no se me permite hacerlo ahora.

Abrimos un pergamino tras otro; estaban cuidadosamente sujetos a palos de marfil cuyas puntas estaban talladas, y atados con cordones de seda de cuyas borlas salían colgantes de jade, y los extendimos ante los asombrados ojos de la reina. Era evidente que nunca había visto nada parecido. En primer lugar, había un número asombroso de tapices con escenas de la naturaleza, los conocidos árboles, flores y pájaros volando, también puentes y lagos bellamente curvados con templos insulares y casas de té, y luego, por supuesto, montañas; así como vistas interiores que representaban las sencillas virtudes domésticas sobre las que el poder y la majestuosidad de los Han descansaban como sobre una base del más firme granito… Noté con agrado que Roxana, mientras miraba los cuadros con asombro y viva atención, encontraba un placer especial en colocar sus ágiles dedos sobre la seda y acariciarla suavemente, como había hecho con la bata que llevaba cuando Mosulla y yo volvimos a entrar en el pabellón, y con los hilos de perlas que colgaban de sus nuevas horquillas.

Las pinturas de pergamino más grande fueron las últimas en salir de la paca. Creo que esto era lo que más le gustaba al príncipe, su mente vivaz y juvenil; se inclinaba sobre los pergaminos conmigo, e incluso me ayudaba a veces a sacarlos y abrirlos. Eran realmente magníficos también, con mucho lo más hermoso que mis imperfectos e indignos ojos han visto jamás; literalmente, los cuadros forjados más logrados y hermosos del mundo, aquí en el pabellón de mi tejado en Balkh, y cada uno pasó por mis torpes manos. Y me dolió en el alma que este joven testarudo, encantador, o, hermoso, verdaderamente noble y verdaderamente real, no se hubiera limitado a recorrer el mundo subrepticiamente para satisfacer un capricho, y que al hacerlo se hubiera sometido al trabajo, al aburrimiento y a los peligros de la humillación, sino que, en realidad, había robado los muros del palacio celestial de los tesoros más sagrados de sus antepasados para ofrecérselos como regalo a una niña bárbara de pelo corto que ni siquiera había visto antes.

Reflexiono sobre todo esto con asombro. No lo entiendo. ¿Se trata del instinto de la gran aventura en el corazón de un joven de mente elevada al cual el cielo le ha dado el poder de cumplir todos sus deseos? ¿O es el anhelo de lo diferente, de lo inalcanzable, de lo nuevo, que tantas veces en la historia del mundo ha llevado a los hombres de espíritu elevado a realizar sus quimeras y creaciones imaginarias y que, rara vez, ha terminado en otra cosa que no fuera la confusión, el despilfarro sin sentido o, incluso, el desastre? No es que el verdadero camino nos sea desconocido. Las exhortaciones del Maestro llegan a nuestros ojos y oídos cada hora del día; y conocemos muy bien su frase:

«¿Quién sale de casa sino por la puerta? ¿Por qué, entonces, no se puede pasar por la puerta de la virtud en la vida?».

Solo soy diez años mayor que el príncipe de los Han. ¿Por qué sigo siendo incapaz de comprender esta empresa loca? Cuando era joven, supe lo que significaba desviarse del camino correcto... Pero parece que no recuerdo muy bien mis sentimientos durante esa época. ¿Debería ser ya demasiado viejo? ¿O es que aún no soy lo suficientemente mayor?

No puedo entender en absoluto por qué vino la reina. ¿Por qué lo hizo? Con un poco de paciencia, se podrían haber encontrado otras maneras de tratar con este príncipe testarudo. Ahora sí, ahora todos estamos indefensos en sus manos y en las de ese viejo pelirrojo desaliñado. Al principio, no me di cuenta de todo el alcance de esta locura, no puedo encontrar una expresión más moderada dado mi actual estado de ánimo. Estaba muy asustado y confundido. Pero ahora, mientras el sol dorado se eleva en el cielo y escribo todo, mi cerebro se congela al pensar en lo terrible que ha sucedido. Esta chica loca ha tirado su virtud, por la que Ibn Shu Ber Din podría haber cambiado un reino, lo que, sin duda, planeaba hacer. Probablemente, también la habría casado con el príncipe, aunque, seguramente, solo a condición de que permaneciera aquí, en esta atmósfera envenenada, pues la necesita para encubrir todas sus intrigas. Nuestro príncipe no podía pensar, ni por un momento, en renunciar al Trono del Cielo para vivir y morir en este pequeño y remoto reino de Balkh. Ibn Shu Ber Din se enterará de lo sucedido. Una muerte rápida seguiría siendo entonces un castigo misericordioso. Si los corazones de este chico y esta chica están ardiendo, creo, no, sé muy bien, que dentro de unos días estarán locos de amor, ¿quién puede decir qué locuras harán entonces?

El hacha corta primero
los árboles rectos

Lejos ha quedado mi pincel. Todos mis pensamientos son confusos. Pero es mi deber escribir toda la terrible historia mientras aún tengo la mano derecha en el brazo y la cabeza sobre los hombros. Si alguna vez me preguntan: «¿Qué ha sido del príncipe de los Han?», debo tener preparada la respuesta, y una respuesta que abarque toda la cadena de acontecimientos. Aunque esta pregunta no debería hacerse nunca, no cambia nada.

Finalmente, llegamos a los últimos cuatro rollos de imágenes. Uno de ellos, tejido en seda de colores e hilo de oro, era una magnífica representación del Festival de los Barcos Dragón en Ch'ang Ngan. El segundo mostraba las Montañas de la Larga Vida (*shou shan*). El tercero carecía de la grandeza de la escena del barco del dragón y de la belleza mística del *shou shan*, pero, aun así, me tocó el corazón de tal manera que me sentí desfallecido y miserable, pues era nada menos que la famosa representación del tejido de la seda. La mayoría de nosotros hemos visto copias de esta serie de imágenes, que muestra de una manera tan maravillosa y única toda la cultura de la seda en todas sus diferentes etapas... Se mostraba el interior de una casa sencilla en el campo, con las dos mujeres trabajando en el gran telar, una abajo en el tejido real, la otra sentada en el marco, pisando los pedales y ayudando a sujetar los hilos. Aunque no se podía extraer nada de esta imagen sobre la creación real de la seda, temía que pudiera distraer la joven y vivaz mente de la reina del encanto de los deliciosos regalos y de la pasión de la que solo eran la tenue expresión visible, y dirigirla hacia la verdadera razón de su presencia en el lugar, aunque ahora pudiera retroceder mucho tras los impulsos personales. También temía el presunto tema del último pergamino, que aún yacía bajo la lámina de plomo colgada y debía ser otra representación del arte de tejer (*kéng chih t'u shih*). Tenía motivos para creerlo, pues el tipo de seda, el tallado de los extremos del rollo y las borlas y colgantes eran los mismos que en el rollo que aún tenía en la mano.

Así que observé furtivamente a la reina mientras extendía el cuadro, y Mosulla también la observó furtivamente. Vi que sus ojos se abrieron de par en par y luego levantó la vista apresuradamente hacia el príncipe sonriente, luego volvió a bajar al cuadro y, finalmente, miró al suelo con los labios ligeramente fruncidos. El color desapareció de sus mejillas por un momento y luego volvió con la misma rapidez. Entonces, levantó sus largas pestañas y miró atentamente el pergamino, y sentí en sus ojos, más que ver, un destello metálico como el de la hoja de una espada. Incluso levantó la vista hacia el príncipe —su príncipe y el mío—, y él sonrió con más ternura que antes y le acarició suavemente el hombro.

¿Cuándo no han querido las chicas tener un amante y riquezas al mismo tiempo, me pregunto ahora? Aquí estaba sentada, con sedas ricamente bordadas y las joyas de una reina, una muchacha con un amante principesco a su lado y vastos Estados al oeste y al este al alcance de la mano (porque, seguramente, ella lo creía). ¿Por qué no iba a desear, en su mente impetuosa, poder agarrar y sostener ambas cosas?

A continuación, preguntó rápidamente qué representaba el cuadro. Inmediatamente, contesté que mostraba el tejido de la seda, porque no podía dudar ni evitar aquellos ojos que me atravesaban como dagas. Y traducía pregunta y respuesta con voz firme al príncipe, que asentía con aprobación... ¡Qué extraño es que estos dos amantes solo tengan sus sentimientos en común! El único medio a través del cual sus mentes pueden relacionarse entre sí soy yo. Mosulla había comprendido y dicho con seriedad y en la actitud más reverente que los hilos hilados por la planta llegaban así a los grandes telares; se lo había explicado así.

El príncipe preguntó entonces, de forma comprensible pero sorprendente para mí, qué había dicho ella. La reina nos observaba a los tres y, ahora creo, percibió inmediatamente mi vacilación. Entonces sonreí y repetí todo lo que se había dicho, excepto la mención de la planta. De nuevo el príncipe asintió. La reina, sin embargo, no apartó sus ojos de mí.

Me temblaban las manos al desenrollar esta última imagen. A pesar de toda mi fuerza de voluntad, volví a dudar, y todavía esa chica ansiosa me observaba... Desenrollé lentamente la imagen. Mi temor se confirmó, pues era la famosa imagen de la cocción de los capullos. Allí estaba el patio familiar con la tetera humeante bajo un techo de esteras, la mujer sentada junto a ella, el niño agazapado junto al fuego y supervisándolo, la segunda mujer, que se acercaba con una cesta llena de capullos, y la madre de pie contra la pared del patio, sosteniendo con orgullo a su pequeño para que las dos mujeres vecinas lo admiraran. Quien, por casualidad, lea estas líneas, habrá visto este cuadro mil veces, e incluso es posible que haya una copia del mismo colgada en su propia casa paterna.

Rápidamente, la reina preguntó:

—¿Qué es eso? ¿Qué están haciendo ahí?

Mosulla me señaló. Me mordí la lengua. El príncipe se inclinó interrogativamente y, cuando repetí la pregunta, volvió a asentir con énfasis, respondiendo a lo que temí que fuera una expresión algo ansiosa en mi rostro con un rápido «¡Dile!».

Era demasiado tarde para cualquier evasión. La reina frunció un poco el ceño mientras me miraba, y yo me sentí sumamente miserable, porque el ceño de una reina no es un buen augurio. Ahora debo admitir, para mi gran pesar, que no estuve a la altura de la situación. Estaba bajo sospecha. Incluso el príncipe tenía sus nobles cejas ligeramente juntas. El silencio de Mosulla fue demasiado elocuente. No podía tolerar las consecuencias de que su pequeña mentira blanca se volviera en su contra; tenía que proceder en su nombre... Todavía dudé, dudé demasiado tiempo, y luego ofrecí la coja explicación de que los hilos de la planta de seda se enrollaban primero en pequeñas bolas en su estado crudo y se echaban en agua hirviendo con el fin de limpiarlos a fondo. No pude mirarla a los ojos, pero sé muy bien que siguió observándome. Cuando por fin conseguí encontrarme con su mirada y la miré con reverencia, noté que en sus atrevidos ojos bailaban luces como en la hoja de una espada afilada.

Lo que querían decir, aún no lo sé. Su mirada seguía siendo tensa y oscura. ¿Se dio cuenta de que estaba mintiendo? Eso es muy probable. Debo haber presentado una imagen de total confusión. El príncipe lo percibió. Dejó de sonreír y me miró, lanzando un par de veces una mirada ligeramente preocupada a la reina. Me pregunto ahora, al tratar de revivir el difícil momento bajo la sobria luz del sol, si no sospechó que yo veía a través de sus razones más profundas. Ella nunca toleraría eso. No, nunca. Y, sin embargo, debe dejarme vivir mientras le interese una conexión con el príncipe; porque el único camino hacia su mente y su lengua es a través de mi mente y mi lengua.

De nuevo fue Mosulla quien intervino discretamente. Miró una vez más hacia el este. Luego, se inclinó y habló a la reina, que se levantó como una niña y se dio la vuelta. El príncipe y yo también miramos. Tras los tejados planos que se extienden a lo largo de kilómetros y las fantasmales torres de la puerta oriental de la ciudad, vimos el pálido resplandor del cielo.

El príncipe apretó los labios, y luego dijo:

—Ella debe irse ahora.

Pareció que las palabras le dolían.

La reina levantó la vista y se dio cuenta de lo que quería decir. Bajó los párpados con las pestañas de seda bellamente curvadas y se sentó por un momento bastante abatida. El color se desvaneció de sus mejillas y las sienes y sus dedos se agitaron con excitación. Creo que era la primera vez que sentía miedo. Se había lanzado a esta aventura, impulsada por el viento de la pasión, pero esta tormenta se había apagado. Una vez más, tuvo que arriesgar su vida en calles estrechas y sinuosas y colarse en el palacio fuertemente custodiado como una ladrona. El más mínimo fallo de su destreza, el más mínimo percance, un solo imprevisto, y estallaría un escándalo por el que quizás caerían dos tronos. Creo que todo esto le quedó claro por primera vez. Sus dedos seguían tirando del bordado de seda de sus rodillas. Por primera vez me pareció una niña, una niña de verdad, y la compasión se agitó en mi corazón. El príncipe también sintió lo mismo, pues se arrodilló junto a ella y la tomó tiernamente en sus brazos.

Durante un breve lapso de tiempo, permaneció en su abrazo protector; luego, se levantó lenta e infelizmente. Más que nunca, sentí lo joven que era. Era una niña cansada que no sabía qué hacer. Incluso bostezó, y luego sonrió con anhelo.

Luego miró al este una vez más, se estiró y apretó los labios, y un poco del fuego habitual volvió a sus ojos. Se recompuso. Hay audacia en la chica, espíritu de lucha, o lo que sea. Creo que es posible que incluso sus arrebatos de crueldad, que todo el pueblo conoce, sean solo la expresión de un espíritu altivo no encaminado. Está rodeada de lujo, pero ¿cómo va a conocer la verdadera cultura? Debe de haber habido alguna cultura en Balkh, pues de vez en cuando encuentro signos de ella. En los mercados, la gente habla bien de los ancestros griegos de la reina. Pero apenas conocía a sus padres. Y en todas partes se escucha que el ambiente en la corte ha cambiado en gran medida desde que Ibn Shu Ber Din llegó al poder.

Vi que le temblaba el labio inferior y que se le llenaban los ojos de lágrimas. Reprimió un sollozo, pero luego se volvió hacia el príncipe, le rodeó el cuello con los brazos y lloró. También él apenas podía contenerse de la excitación interior. Mientras le acariciaba el pelo y le acariciaba los hombros temblorosos, me habló:

—Dile que se cambie rápidamente; luego montaremos en tus veloces caballos y cabalgaremos hacia el este para salvar nuestras vidas. Dile que será mi primera consorte, la reina y emperatriz de los Han y del mundo entero.

Tartamudeando y luchando contra las lágrimas, repetí estas palabras. Pero la reina negó con la cabeza. Cuando pudo volver a hablar, dijo:

—Ni siquiera pasaríamos por las puertas de la ciudad.

Se acurrucó contra él un momento más; luego, levantó su cara llena de lágrimas hacia él y gritó, sin siquiera mirarme:

—Dile que volveré la noche siguiente.

Lo traduje. El príncipe se inclinó muy gravemente…

—Y dile que deseo otro regalo suyo.

Estas palabras llegaron rápidamente y de forma un tanto formalista. Me pareció que las había aprendido de memoria y que se sentía obligada a exponer su lección, aunque de forma bastante mecánica. Creo que es imposible que pensara en estas cosas. Es demasiado joven para eso y, además, estaba muy afectada. Cuando dejamos de ser dueños de nosotros mismos, expresamos muy fácilmente los deseos que albergamos con más urgencia en nuestros sueños inconscientes. Creo que así fue y que ahora estaba cumpliendo su misión. Así que continuó:

—Dile que su seda es la más bella del mundo. Dile que deseo la semilla de esa seda para poder plantarla y criarla yo misma, e hilar tan magníficas prendas también con mis damas de la corte.

Una vez más, lo traduje. Inmediatamente, dio su consentimiento. La miró a los ojos. No necesitaba repetir sus palabras. Pero él volvió a decir:

—Ella vendrá conmigo y será mi reina. No puedo vivir con nadie más. No quiero vivir sin ella en absoluto.

Volvió a negar con la cabeza mientras yo encontraba las palabras en la lengua yüeh chih para expresar esta oferta abrumadora y, a la vez, desgarradora.

—Nunca me dejarán ir —se lamentó con tristeza—. ¡Nunca lo harán!

Mosulla la tocó. Había un resplandor en el este. Se arrancó de sus brazos, miró a su alrededor con súbito temor, agarró a Mosulla de la mano y huyó con ella por el tejado. La oí decir una y otra vez:

—¡Volveré! ¡Volveré!

El tiempo nunca ha pasado tan lentamente para mí. Me acerqué al parapeto y miré hacia abajo, hacia el jardín sombreado y de dulce aroma. No pude hablar con el príncipe, que estaba tumbado en el diván, en medio de los regalos, con la cara enterrada entre sus manos. La reina, no habría podido llevarlos con ella, eso era evidente. Nadie sabe ahora cómo llevárselos, pero sí pudo llevarse la túnica real, y la capa sin mangas que llevaba debajo, y el tocado; pude comprobar que Mosulla debía de haber atado bien todo con la ayuda de alguna tela gruesa, ya que la más delgada de las dos figuras llevaba un fardo cuando, finalmente, se escabulleron del jardín. La reina solo se había puesto la capa, el pañuelo de la cabeza y el velo sobre sus otras prendas.

Cuando me acerqué al príncipe, solo dijo brevemente:

—Quiero dormir aquí. —Y se estiró en el diván, añadiendo con la misma brevedad—: Dejemos las cosas como están.

Ahora duerme allí arriba, y el precioso botín del palacio de Lo Yang yace esparcido a su alrededor. Incluso los envoltorios vacíos abiertos y las cuerdas de embalaje cortadas y el cuchillo que utilicé siguen tirados en la alfombra de Maracanda. Luego fui al jardín y esperé. Detrás de los altos álamos, la luz se alzaba en el cielo aterciopelado del este. Poco a poco, las estrellas se desvanecen, el tenue resplandor rojizo se profundizaba, se extendía, se incendiaba, se volvía cobrizo y, finalmente, oro rojo.

Me escondí entre los arbustos cercanos a la puerta y salté al menor ruido como un criminal cazado. Por fin oí un paso ligero y rápido y un golpe en lugar de una llave que crujía. Abrí la puerta, y Mosulla se deslizó dentro, sin aliento y con la frente y las sienes muy pálidas que asomaban por encima del velo. Cuando cerré la puerta, se acurrucó junto a mí.

—Ella exigió la llave —me explicó—. Ella jura que quiere volver esta noche.

Mientras caminábamos por el jardín entre las rosas y los grandes y silenciosos álamos y pasábamos por la cascada, noté un rostro en una ventana al final del pasillo, fuera de mis habitaciones, observando atentamente, y luego desapareciendo. Empujé a Mosulla hacia la casa y luego la abracé. Recuerdo haber susurrado, como en un sueño en sus fragantes labios: «Eres mi amada y mi vida».

Luego, acosté a la niña y vine a escribir en mi ventana, recogiendo mis pensamientos. Hasta cierto punto, lo conseguí. Estoy muy triste por haber fallado en el momento más crítico. Tal vez he aumentado el peligro en el que se encuentra mi príncipe al despertar las sospechas de esa joven reina loca. Seguro que sabe que albergo sospechas contra ella. Hoy estará dividida entre los sentimientos más contradictorios. Eso es bastante inevitable con una chica tan joven que ha dado un paso tan violento. Tal vez en uno de estos estados de ánimo se deje llevar por palabras o actos de los que se arrepienta al momento siguiente. El visir estará cerca de ella, como siempre. Aunque no se entere de los hechos reales, se dará cuenta de que ella ha experimentado una gran conmoción, pues conoce sus diversos estados de ánimo como un padre sabio conoce a su hija. Con cada mirada, cada gesto y cada palabra malhumorada, la chica delatará su agitación. En esos momentos no hay nada más que hacer que adherirse a las enseñanzas del Maestro y tratar de afrontar el destino ineludible con serena compostura, como él dijo: «Si uno ha conocido el camino correcto por la mañana, ¿qué importa si se muere por la tarde?».

Todo error humano, como sabemos, es el resultado de la intemperancia. Ciertamente es así con mi propia pasión. Me he dejado guiar solo por mis sentimientos, y la consecuencia es que he fracasado en cierto modo con mi príncipe. Por supuesto, debo compensar esta debilidad.

Esa noche

Por fin me había dormido. El propio príncipe
me despertó. No pude ocultar mi sorpresa, aunque
me siento más que nunca obligado a cooperar en su
pequeña y quizás trágica mascarada. Sí, Ch'ing se
puso al lado de mi cama y me dijo que me levantara. Terminamos nuestro ayuno con vino, melones
dulces, huevos y los panes planos y redondos que
se hornean en estos lugares. Me preguntó por los
caballos, pero justo al principio y sin responder a mi
comentario sobre su posible uso en una huida. Le
conduje a los establos, que están detrás del jardín,
dentro de un gran muro, desde el que una puerta
da acceso a la calle lateral. Me sentí muy orgulloso
cuando encontré un lugar para él en las escaleras y
dejé que los novios mostraran mis bellezas una por
una. No pude evitar observar su cara mientras los
animales pasaban por delante de nosotros: primero,
los tres castrados; luego, las ocho potras; después,
las ocho yeguas; Roxana, con la cabeza alta, como
penúltima, y, al final, mi propio y magnífico bayo
con Mosulla. Le hablé de inmediato, el peón soltó
las riendas, y vino corriendo ansiosamente hacia mí.
Le dejé comer un poco de pastel de almendras de
la palma de mi mano, y todos los demás animales,
excepto dos o tres, mostraron un afán por seguir-
la. Así que hice una señal a los hombres para que

la soltaran, y trotaron hacia nosotros, olfateando y apartándose como niños en un juego. Envié a por más pasteles de almendra, y cuando el hombre se hubo marchado, Ch'ing se deleitó acariciando las curvadas bocas de los cobardes y admirando los hermosos, suaves y redondos ojos, las orejas encajadas y el sedoso pelaje. Más tarde, los diecinueve animales fueron devueltos a los establos, y dos hombres condujeron al semental blanco fuera de la manzana. Ch'ing, que había estado tan sombrío y silencioso durante toda la mañana que aún no había encontrado la forma de hacer más explícita mi advertencia sobre la conspiración que la noche anterior, en ese momento, casi se puso furioso. Se levantó de un salto y, a pesar de la advertencia de los mozos de cuadra, se acercó sin miedo al magnífico animal, le acarició el hombro, le examinó los flancos y las patas excelentemente colocadas, y observó la cabeza audaz, el cuello fuerte y arqueado, el pecho profundo y ancho y la grupa más bien corta, que parecía dar la razón a la larga zancada. El animal lo miró con entusiasmo, pero permaneció inusualmente tranquilo bajo su mano fría y segura. Me di cuenta de que todos los mozos de cuadra lo miraban con admiración.

También se quedó allí cuando los cuatro hombres sacaron el semental rojo sangre. Quise protestar, pero luego dudé. A pesar de su sencilla vestimenta de secretario y sus modales reservados, nunca me había parecido tan majestuoso. Me sentí muy pequeño ante él.

Uno de los hombres me llamó para que lo llevara de vuelta a la escalinata, pero no habría podido influir en él más de lo que hubiera podido imponerme ante un mago indio. Se dirigió directamente a ese caballo más salvaje, al igual que había hecho con los demás, y puso la mano firme en su hombro reluciente.

Inmediatamente, las fosas nasales del semental se encendieron, sus ojos se abrieron y su majestuosa cabeza se levantó. Al mismo tiempo, un casco pulido pisó el suelo. Pero Ch'ing le habló con mucha calma y uniformidad, acariciando los flancos temblorosos. Entonces se acercó pensativo a mí, se quitó la gorra de seda negra con el nudo rojo, se quitó la falda, de modo que quedó ante mí con su chaqueta y pantalones cortos de casa, y solo dijo: «Sujeta esto, Jan».

Me quedé sin palabras, incluso sin aliento por un momento. El semental le miraba con los nervios tensos, dispuesto a arremeter, pinchar y morder al menor giro de los acontecimientos. Los hombres estaban claramente fuera de sí por la consternación. Ch'ing era el único dentro de estos muros que estaba realmente compuesto. Volvió a caminar tranquilamente hacia el semental, le acarició los hombros con firmeza y le dio unas suaves palmaditas en el hermoso flanco; y luego, antes de que pudiera recuperar el aliento, hundió los dedos en la espesa crin y se balanceó sobre el lomo del animal.

Los hombres se separaron como si se tratara de una orden. Durante un momento impresionante, el semental se quedó completamente rígido; luego, enloquecido por el miedo o la ira, saltó en el aire y corrió por el patio, agitándose con locura. Todavía puedo verlo todo: los mozos de cuadra corriendo de un lado a otro o encogidos en los rincones, el magnífico y revoltoso caballo encabritado, saltando y arremetiendo; y Ch'ing, sentado de espaldas, con sus musculosas piernas agarradas fuertemente a su vientre, seguía hablándole con voz tranquila y uniforme al animal.

Finalmente, para mi asombro, el espectáculo se volvió menos tormentoso. El semental seguía temblando bajo su magistral jinete. Ch'ing, tras desmontar y acariciar tranquilamente su noble y humeante cabeza, lo entregó a los reverentes mozos de cuadra y le devolvió la falda y la gorra.

No podía hablar. Pero mientras volvíamos a pasear por el jardín, dijo:

—Con unas cuantas de estas yeguas y este semental rojo, podemos criar una raza de caballos como ningún emperador Han ha visto jamás.

Tenía en la punta de la lengua responder: «Sí, si podemos liberarnos del hechizo de este lugar y limitarnos a llevarlos a salvo a través de la frontera de Ts'ung Ling». Pero, por supuesto, no podía decir eso. Ya en ese momento, tuve claro que tendría que esperar una oportunidad adecuada para poder contarle todo a este extraordinario joven. Estaba y está perdidamente enamorado. También es demasiado joven y su espíritu es demasiado ardiente para atender a razones cuando no está de humor.

Después de bañarse y ponerse una bata nueva, comimos. Bebió más de lo que me pareció bien; pero, incluso en este aspecto, es mejor que me guarde mi opinión. Entonces, mientras se sentaba ante mí serio y en silencio, le sugerí un paseo por la ciudad. Le conduje a lo largo de uno de los grandes canales bordeados de piedra y a través del mercado, donde la multitud se agolpaba y empujaba. El regateo y el trueque habituales, así como el ruido incesante y penetrante de los trabajadores del latón y el clamor de los operadores de las caravanas de burros y camellos que se abren paso, llenaban el aire. El príncipe mostró un interés superficial por el latón martillado y otro algo más vivo por la hermosa marquetería. También le gustaban las alfombras. Algunas de las espadas que pesaba y examinaba en su mano eran, bien lo sabía, las más bellas que había visto jamás. Durante todo este tiempo, mientras paseábamos, deteniéndonos en este o aquel puesto, observé furtivamente sus ojos de aspecto sombrío y su boca, alrededor de la cual se movía de vez en cuando. Debo decir que su actitud era genial para un joven de diecinueve años que se encontraba en medio de una aventura tan emocionante. Pero pude notar a lo largo del día lo mucho que se había apoderado de él. A veces parecía feliz, y entonces sus ojos adoptaban una expresión soñadora y una suave sonrisa jugaba alrededor de su boca, pero luego volvía a parecer completamente melancólico. Pude ver todo esto claramente después de las experiencias que había tenido. También pude sentir con él lo terrible que era que no pudiera tener consigo el objeto de su pasión, como yo tengo a mi Mosulla, sino que solo pudiera escabullirse hacia él en la noche, bajo peligros que nadie podría haber pensado con compostura… La pasión es, verdaderamente, un estado mental terrible, ya sean la ira o el amor — cuando pienso en cómo he golpeado el bello y tierno rostro de mi Mosulla, me inclino a suponer una raíz común para ambos—, y el Maestro ha actuado con insuperable sabiduría al establecer un sistema filosófico en el que no hay lugar para la pasión y el autocontrol que falla.

Por la tarde fuimos a la gran plaza frente al palacio. Me di cuenta de que estaba muy impresionado por ello. Mientras contemplaba los amplios muros y las grandes estructuras de mármol blanco y los relucientes planos de ladrillo azul y las arboledas de árboles en flor que sobresalían de las paredes, tal vez pensó como yo en la sorprendente belleza e incluso majestuosidad que rodeaba a la hermosa muchacha que era suya y que, tal vez, ya no era suya después de todo.

Se estaba disputando un partido de polo, y durante un rato nos mezclamos con la excitada multitud. Observó cada movimiento rápido y hábil de los caballos, y una vez se unió a los vítores cuando un jinete tomó la pelota de otro con gran agilidad y la persiguió por el campo, y, a través de los postes de mármol con los golpes de su martillo a una velocidad vertiginosa, hombre y caballo parecían pensar y actuar como uno solo.

Sin embargo, continuamos antes de que terminara el partido y caminamos sobre la muralla de la ciudad, como solíamos hacer Hsü Shen y yo en Lo Yang. El muro mide unas ocho veces la altura de un hombre y, de ancho, cuatro longitudes de hombre en la parte superior. La vista sobre la ciudad, con sus hermosos ladrillos azules entre el follaje de los numerosos árboles, y también la del otro lado, desde los pululantes suburbios hasta las granjas de regadío y las vastas extensiones de tierra estéril con las escarpadas montañas detrás, es realmente hermosa.

Me quedé mirándolo, esperando incansablemente una oportunidad para hablar, pero en vano, aunque, de repente, dijo:

—Jan, ¿crees que vendrá esta noche?

—Ella lo prometió. Y se ha llevado la llave de la puerta del jardín.

—Oh, ¿se llevó la llave con ella?

—Sí.

Miró a través de la ciudad hacia el verde recinto de los jardines reales. De repente, sus ojos se llenaron de lágrimas y su joven rostro se crispó.

—¡No sé qué me pasa! —exclamó—. Ya no me conozco. A veces pienso que todo es realidad. Pero parece que solo he estado soñando toda la noche.

Conocía demasiado bien esta encantadora y atormentadora incertidumbre.

Miramos a Lu y Wen. La casa que se les asignó se encuentra un *li* más arriba que la mía. Me había sorprendido un poco que no hubieran aparecido en toda la mañana, pero, tras un rápido vistazo, supe la razón. Habían encontrado vino y mujeres y ahora estaban de juerga aquí, en esta casa extraña, en una ciudad extraña, rodeados de sirvientes con los que solo podían comunicarse por señas. Sentí una sensación de desprecio, pero Ch'ing sonrió. Las mujeres me parecían criaturas bastante ordinarias. Sin duda, el viejo Barbarroja, a pesar de la generosidad demostrada conmigo —aunque hubiera tenido ciertas razones para ello—, no tenía intención de despojar a su harén de todos sus tesoros por el bien de unos visitantes de paso. Yo, que era el primer chino que veía, había tenido una suerte inmensa.

En el camino de vuelta, nos encontramos con dos de los soldados romanos. Vi que Ch'ing los miraba de cerca y esperé que hiciera una pregunta. Sin embargo, no se produjo en ese momento. Pero más tarde, cuando el crepúsculo descendió sobre la ciudad y nos sentamos junto a la ventana abierta, mirando hacia el jardín y bebiendo vino, me pareció que poco a poco se iba haciendo susceptible de consideraciones racionales, a pesar de toda su agitación. Su agitación interior había aumentado en el transcurso de la tarde, y la proximidad del crepúsculo aterciopelado le hacía estar visiblemente inquieto. Se mordió los labios y miró hacia las sombras, luego se volvió hacia el vino y bebió a grandes tragos. Finalmente, de forma abrupta, preguntó:

—¿Qué eran esos soldados que encontramos esta tarde?

—Eran los romanos.

—¿Quiénes son los romanos?

Un súbito impulso me impulsó a relatar conmovedoramente el peligro en que ambos nos encontrábamos; ahora me satisface pensar que resistí ese impulso. Tengo más claro que nunca que solo puedo acceder a su excitada y joven mente con mucha paciencia. La paciencia es necesaria si quiero conseguir algo. Realmente, creo que había recuperado mi antigua compostura —es decir, al menos exteriormente— cuando le conté todo lo que había aprendido con Mosulla y en los mercados sobre el poder de Roma. Y parecía escucharme de verdad; solo de vez en cuando su atención se desviaba cuando sus ojos miraban sombríamente el camino que conducía a través de las profundas sombras hasta la puerta del jardín. Al fin y al cabo, tiene imaginación; y la historia es muy dramática y apasionante para una persona que creía que el mundo consistía solo en el disco relativamente pequeño, como se supone en toda China. Afortunadamente, al igual que yo, estaba preparado para esta increíble historia por las maravillas que había visto tras cruzar el Ts'ung Ling. Le hablé de Grecia y de Egipto, de Antioquía, de Mossul y de Partia, de Ekbatana y de Trapezunt, y luego de la amenazante invasión de los poderosos ejércitos romanos que ya están en la frontera de Partia. Pero entonces sentí que me subía el calor a la cara, y empecé a tartamudear.

—Bueno —preguntó—, ¿qué tienes?, ¿a dónde quieres llegar? Esa es exactamente la cara que pusiste anoche cuando contaste la historia de la cocción de los capullos.

Le miré fijamente, incapaz de responder. De nuevo frunció el ceño, pero mi lengua estaba paralizada. ¿Cómo iba a decirle a este niño —porque todavía es un niño— que la mujer que ama quiere robarle a su país su prosperidad a través de él? ¿Cómo podría decir eso incluso en ese mismo momento, cuando él esperaba con tanta ansia y anhelo su llegada?

—También has hablado de una conspiración de la que debo huir. ¿Qué quieres decir con eso? ¿Crees que puede asustarme con cuentos de hadas? —Volvió a beber—. ¿Estás diciendo que esto también forma parte de la conspiración? —dijo, sacando la bolsa y de ella la miniatura.

Debió de leer la afirmación en mis ojos, porque añadió, casi con enfado:

—¡Pero si ya sé que es solo una chica! Ella no haría algo así.

Solo pude sacudir la cabeza. Se quedó mirando el camino profundamente ensombrecido. Ahora, sabía, llegaba mi oportunidad. El afecto entre estos dos jóvenes no era todavía amor, sino solo una pasión romántica; tal vez aún había tiempo para disuadirlo con la razón. Entonces, me dio la oportunidad de hablar. En un instante pensé en todo lo que había leído y aprendido, y en las nobles enseñanzas de los grandes, y entonces me vinieron las palabras.

—El Maestro ha dicho —comencé—: «Es un hombre sabio el que no espera ni el engaño ni la deshonestidad en los demás, sino que lo descubre rápidamente cuando lo encuentra». —¡Qué extraño era hablar con mi príncipe de una manera tan familiar e informal sobre un importante problema de estadista, pero nuestra mascarada y mi indigno papel en ella lo exigían!—. Me gustaría recordarte las decenas de miles de camellos que visteis avanzar hacia el oeste por el gran desierto. Casi todos ellos iban cargados de seda, que llevaban a esa frontera que conocemos tan bien. Allí la toman los mercaderes de Balkh, que la llevan aún más al oeste para venderla a los romanos, de los que te he hablado. Hoy has visto enormes cantidades de esta seda en el bazar. Nadie puede ni siquiera empezar a calcular el tamaño de este comercio, el más rentable de todo el mundo, que se basa en el hecho de que las damas romanas, independientemente del coste, quieren llevar la seda de China. Si perdiéramos este vasto mercado, todas las aldeas de Ch'in o Lu o Wu, de Yüeh o Ch'u, se verían muy afectadas por esta pérdida, y hasta la más pequeña granja se vería afectada por el diluvio de la pobreza. Sin embargo, el general Pan, partiendo de los cimientos establecidos por sus predecesores, ha conquistado y organizado todo el noroeste para aumentar y proteger nuestra prosperidad.

Aunque sigo creyendo que mi relato de los hechos fue algo vívido a pesar de todas las lagunas, al mismo tiempo, tuve la incómoda sensación de un profesor enseñando a un alumno recalcitrante. Aunque Ch'ing me escuchaba, sus ojos no dejaban de vagar hacia el jardín en penumbra. No podía estar seguro de llegar al núcleo bueno que había en él. Sin embargo, me escuchó, y yo me apresuré a seguir.

—Has visto las moreras que crecen en abundancia a lo largo de la carretera, así como aquí en Balkh. Seguramente, existen más al oeste, incluso hasta el mar en el borde del mundo. Así que para producir seda con éxito aquí en Occidente, no había que hacer nada más que importar una pequeña cantidad de huevos. Ya sabes lo rápido que se multiplican las mariposas. Así que, si se introdujera la cultura de la seda aquí en Occidente, China sufriría un daño que nunca podría repararse, no, nunca.

De repente, se volvió hacia mí y sus hermosos ojos me miraron inquisitivamente.

—Dime esto —preguntó con severidad—: ¿estabas diciendo la verdad cuando explicaste lo de hervir los capullos?

—Perdóname, no.

—¡Bien! —dijo, y repitió de nuevo—. ¡Bien!

—Me enviaron a Balkh para llegar al fondo de la intriga que se había iniciado con el trono de los Han. Y ahora sé a qué se reduce. Roma ofrece la conquista y cesión de Partia como pago por el secreto de la seda. Y además he oído que esta oferta va acompañada de una amenaza.

—¿De la amenaza de invadir Balkh?

—Sí.

—¿Son estos romanos lo suficientemente fuertes como para hacer eso?

—Creo que sí.

Fue muy considerado. Entonces, su rostro comenzó a crisparse de nuevo por la excitación, y exclamó:

—Pero, seguramente, ella misma no tenía que venir a mí por eso, ¡no tenía que venir así!

—Por supuesto que no. Ese punto también me desconcierta.

Vació su taza, se quedó mirando el jardín durante un rato y luego se alejó a toda prisa. Le oí subir las escaleras y cruzar el tejado hasta el pabellón.

Allí todo sigue como lo dejamos antes del amanecer, los regalos de un emperador están esparcidos por el suelo, junto con las cuerdas cortadas, las esteras, las vainas de plomo y un cuchillo. No se me permitió tocar nada, y no permití que los sirvientes entraran.

La noche siguiente

Ella no vino. Tampoco dio ningún aviso. Mosulla no lo entiende. Le permití ir al palacio esta tarde, pero le negaron la entrada.

Me he dado cuenta de que el palacio no se preocupa por Lu en absoluto. Vino aquí como enviado acreditado y, naturalmente, tiene un rango superior al mío. No hubo público ni regalos. Solo el silencio.

Lo aprendí de Wen y Lu. Siguen bebiendo. Es desagradable pensar que la falsa legación parece haber corrompido el carácter de Lu. Su viaje, como bien sabe, no es más que una aventura, por lo que se comporta en consecuencia.

Otro día

Ella no vino. Hoy Ch'ing dijo:

—Lo sé, Jan, me consideras débil. Pero no puedo irme hasta que la vea. Sé que no es su culpa. ¡Lo sé!

Él también sigue bebiendo. ¿Qué va a ser de nosotros?

Otro día más

Existía, por supuesto, el peligro de que se viera abocado a algún acto desesperado. Era difícil tratar con él. Me dolía el corazón por él.

Esta tarde, lo he apartado, literalmente, de una copa de vino y lo he sacado a pasear. En el camino de vuelta, paramos en la casa donde viven Lu y Wen. La puerta de la calle estaba abierta de par en par. Nos sorprendió, por supuesto. Entramos. No se veía a ningún sirviente. Llamamos en voz alta y vamos de habitación en habitación. Los encontramos en la alcoba. Sus gargantas habían sido cortadas.

Los enterramos nosotros mismos en el jardín como pudimos, y luego regresamos aquí. Ningún túmulo marca su lugar de descanso final; ninguna cinta de oración revoloteará sobre él. E incluso ahora, Ch'ing me pidió que me quedara otro día. ¿Qué podía responderle? Mi vida le pertenece. He hecho todo lo posible.

¿Cómo podemos saber qué es la muerte, antes de saber qué es la vida? (Confucio)

Pasó otro día extrañamente tranquilo. El sol brillaba rojo y cálido sobre la pacífica ciudad. Mosulla y yo podíamos ver desde el tejado, cuando mirábamos por encima de la muralla hacia el este, las caravanas de camellos que llegaban como trenes de hormigas a través de la carretera, y sabíamos que llevaban la seda que fluye sin cesar, como un arroyo, hacia el oeste. También sabíamos que dentro de las murallas la vida transcurría sin pensar en los pocos forasteros que vivían temerosos en una casa espaciosa, rodeados de sirvientes que eran espías, y con la conciencia de que sus vidas pendían de un hilo tan fino como el de la seda de un capullo. En las estrechas calles, los hombres con túnicas de lana marrón o blanca, o de algodón, se dedicaban a sus asuntos cotidianos; las mujeres serias, con pesados velos sobre la nariz, la boca y las mejillas, caminaban tranquilamente hacia los bazares; pasaban trenes de camellos y burros cargados con grandes cestas; los comerciantes de dulces, frutos secos, agua y vino ensalzaban sus productos con extraños cánticos; pequeños escuadrones de policías armados pasaban al galope sin tener en cuenta a los niños harapientos que jugaban en la acera. Incluso en esta casa, los sirvientes, bien entrenados y deferentes, estaban ocupados en sus diversas tareas.

Mi dificultad era creer —Mosulla era inteligente y capaz hasta el final— que todo esto que había visto con mis propios ojos era la realidad. El dulce y suave viento que soplaba por el valle del río Jon abanicaba mis mejillas, los confusos sonidos de la gran ciudad sonaban suavemente en mis oídos, y tuve que decirme a mí mismo con un enfático esfuerzo interior que en el pabellón, aquí en el tejado, cuyas baldosas azules brillaban tan bellamente al sol, esparcidas y ya recubiertas por el polvo harinoso que siempre se cierne sobre Balkh, yacían todos los preciosos regalos que el Hijo del Cielo había puesto descuidadamente a los pies de una reina descarriada. Incluso me costó recordar que Lu, el hijo del duque, y Wen Fui, que había sonreído tan cariñosamente en señal de burla, yacían muertos con los gusanos, y que los buenos espíritus de sus antepasados se habían perdido para siempre para sus almas errantes, pues el hijo del duque y el burlador habían superado por última vez la medida.

El propio príncipe estaba —estoy seguro— desgastado por tantas oposiciones de la realidad. Durante todo el día ha vacilado. No quería salir. El anhelo que le carcomía el corazón casi lo volvía loco, creo que incluso pensó que podría venir a él a plena luz del día con algún disfraz. La mayor parte del tiempo se quedaba en su habitación. Cada vez que lo veía, se paseaba arriba y abajo por ella. No pude evitar pensar en un tigre enjaulado. No tenía miedo, porque no conocía el miedo, pero su alma juvenil había sufrido una conmoción después de aquel loco viaje a través del mundo. Sin duda, ya no estaba tan seguro de sí mismo.

Me había permitido darle mi opinión. Es más, por la tarde, se desvivió por responder a mis razones. Ahora tengo claro que estaba experimentando la disminución de esa euforia en la que se había deleitado tanto el primer día como la noche de su gran aventura.

Le presenté el plan de Mosulla de salir de la ciudad por la tarde como si fuera un paseo, sin animales de carga e incluso sin alforjas, y luego, una vez a salvo fuera de los muros de la ciudad, emprender la desesperada cabalgada hacia el este. La propia Mosulla cabalgó como un muchacho deportista. Pero ni siquiera quiso considerar esta sugerencia. En vano le indiqué que el gran camino rural hasta Ts'ung Ling no ofrecía dificultades ni siquiera para el viajero más inexperto; no podíamos perdernos. Y Mosulla está segura de que no podrán detenernos durante la huida, a no ser que sea por una persecución previamente decidida. Aquí no hay palomas mensajeras, explicó, aunque los ancianos conocían su valor y los romanos recomendaban su uso. Pero los habitantes de Balkh parecen haber perdido su destreza militar bajo el visir, y ahora son afeminados y dados solo al lujo.

Mosulla me instó a ordenar el pabellón y a esconder las sedas, los bronces y el jade. Pero mi príncipe había prohibido tocar nada allí, y solo él entró. Allí yacían todos: las maravillosas telas, los preciosos bordados antiguos y los terciopelos tejidos, todos revueltos, tal como Roxana los había arrojado al suelo cuando alcanzaba una nueva y asombrosa tela para acariciarla con sus bonitos dedos; las deliciosas piedras talladas y los cuadros de punto amontonados descuidadamente sobre las mesas y las camas de descanso, e incluso en el suelo y apoyados en las patas de una de las mesas. Incluso las esteras, aún sucias por el viaje, los manguitos de plomo y las cuerdas, incluso el cuchillo que había utilizado, yacían en la alfombra tal y como habían caído.

Era casi de noche cuando intenté, por última vez, hacer que el príncipe entrara en razón. Había subido al pabellón y ahora estaba sentado donde estaba ella, en el mismo diván, inmóvil, salvo por un agitado roer del labio inferior. Contempló la cobriza puesta de sol como un hombre sumido en pesados pensamientos y sombríos sueños. Para tener una ocasión de entrar, traje el brasero, recién llenado de brasas.

Reprimí el impulso natural de caer de rodillas y postrarme en el suelo, y ni siquiera fue difícil, pues entretanto mi vida se había entrelazado tan estrechamente con la del Hijo del Cielo —si se me perdona esta forma poco ceremoniosa de poner en primer plano mi indigna persona—, que vi en él, de hecho, menos al príncipe que a un joven enamorado, en peligro de muerte, un muchacho atribulado que había emprendido retos más allá incluso de la fuerza de un príncipe, y que ahora estaba desgarrado por sentimientos más allá de su comprensión (como también habían ido más allá de la mía en el pasado). Sabía con certeza que se había pasado de la raya. Aunque muchas de sus acciones fueron imprudentes, ciertamente tenía sentido de su exaltada posición y de la gran responsabilidad que recaerá sobre sus fuertes y jóvenes hombros cuando expire la regencia. Sabe que China ha tenido buenos y malos gobernantes, y estoy firmemente convencido de que desea en su corazón ser amado por su gran pueblo. Y aunque tanto yo como otros profesores le consideráramos a menudo un alumno impaciente y, a veces, incluso ingobernable, debió de adquirir unos conocimientos bastante considerables. Conocía bien el dicho del Maestro: «Si el gobernante sigue el principio de autocontrol, el pueblo obedecerá sus órdenes». Y ahora sabía muy bien que el autocontrol le había abandonado. También había leído en el *Libro de la Historia* el admirable dicho: «Si tienes un sincero deseo de ser bueno, tu pueblo será igualmente bueno, porque la virtud del príncipe es como el viento, y la del pueblo es como la hierba. La naturaleza de la hierba es doblarse cuando el viento sopla sobre ella». Así que le hablé a mi príncipe no tanto como un subsecretario del octavo rango de mandarín, sino mucho más como un maestro que le habla a su díscolo, pero querido alumno.

—Alteza… —comencé.

Hizo un gesto de impaciencia con la mano.

—Ch'ing, amigo mío —empecé de nuevo—, con quien mi corazón y mi vida están aún más profundamente comprometidos que con mis padres, ha llegado el momento indigno en que debo instarte…

De nuevo, me rechazó con su mano delgada y fuerte.

—Mañana queremos irnos, Jan —dijo con tristeza.

De nuevo, sus ojos buscaron el ardiente cielo del oeste, y, de nuevo, dibujó su labio superior entre los dientes.

Fue un despido, y aun así me quedé. Una vez había dicho «mañana», pero no habíamos salido. Me quedé de pie buscando apresuradamente las palabras adecuadas para despertar en él el sentido del deber que a veces se cruza con los impulsos que provienen de su impetuosa sangre joven, pero era como un hombre sentado en soledad en la cima de una montaña. No se volvió a girar. Creo que ni siquiera se dio cuenta de que salí y caminé lentamente por el tejado hasta el parapeto que da al jardín. Allí me quedé durante mucho tiempo, ni siquiera sé cuánto. El crepúsculo descendió, envolviendo toda la ciudad y amortiguando el zumbido del día. El cielo rojo ardiente fue perdiendo todo el color. Salieron algunas estrellas, y luego, como si las primeras les hubieran conferido valor, las demás ocuparon su lugar en el cielo fresco y oscuro como el terciopelo; pude sentir la luz azul de la luna más que verla…

No me senté, sino que permanecí allí casi inmóvil hasta que el último sonido de las calles se apagó, y solo un perro ladró aquí y allá, hasta que la última luz del oeste se apagó y la noche me envolvió en sus pliegues. Ni siquiera oí a Mosulla hasta que el crujido de sus pantalones de seda estuvo a mi lado y un bracito se deslizó bajo el mío… Pensé, si he de decir la verdad, en mi vida hasta entonces, en la vieja, perdida y ordenada vida, en mis estudios y en la tranquila reflexión y en la alegría de mis poemas, que tan a menudo surgían en mi mente receptiva, como pétalos suavemente agitados en un estanque del jardín; de nuestra vida en casa, los paseos por el jardín y el pabellón de la biblioteca, allí donde mi padre y yo hablábamos tan a menudo de las dificultades a las que se enfrenta un joven estudiante y de las consumadas enseñanzas que nos han sido transmitidas, afortunadamente para nosotros, desde un pasado brillante; de los celos entre las esposas de Sing y Kuei-ti y sus frecuentes peleas; de la tercera hija de Pu con el bocio que había crecido tanto que colgaba hasta el pecho de la pobre niña; de mis queridos amigos, especialmente Hsü Shen. Entonces tuve que pensar en la obra a la que Hsü ha consagrado su vida tan bien ordenada, esta gran idea creativa que ha anidado en la mente de un humilde erudito; pues Hsü se afana en recopilar la primera colección de los diez mil caracteres de nuestra lengua escrita, algo que nunca se había hecho antes, con explicaciones y notas detalladas sobre la historia y los diversos significados posibles de cada uno. Quiere llamar a esta obra el Shuo Wen, y en vista del futuro eligió la escritura del sello más joven para sus notas. Antes de que me fuera, ya había conseguido subordinar todos los caracteres a un número relativamente pequeño de caracteres básicos que determinan la dirección del significado de todo el signo; una vez me dijo que había podido reducir el número de estos caracteres básicos a menos de seiscientos. Nadie antes de él ha caído en un método semejante. Hsü Shen es, o quizás será, un gran hombre. Le echo mucho de menos. Echo de menos su entusiasmo, su humor seco, su espíritu noble y comunicativo, su vivo interés por el teatro, los perros, las flores y el buen vino, aunque ahora sé que, en realidad, nunca bebió buen vino, porque no se puede hacer buen vino con granos.

Luego pensé en Mosulla, en su naturaleza abierta, en su belleza, en su gracia, en su mente brillante, inquisitiva y libre, pero nunca exenta de reverencia, y no dejé de preguntarme cómo podría introducirla en la casa de mi padre, suponiendo, claro está, que ambos pudiéramos seguir vivos y viajar juntos tan lejos. ¿No se marchitaría y moriría allí como una flor trasplantada en una tierra extraña?

Pero esa pregunta ya está resuelta para siempre. Me duele el corazón, y, sin embargo, está congelado. Vivo en una niebla de paisajes irreales y pasajeros en los que no tengo morada. Mi existencia es, en realidad, como una cáscara en la que solo queda un eco vacío de cosas vivas y bellas.

En el camino

Esta lámpara es bastante horrible. No hay ningún sirviente para ajustar la mecha, que da una luz parpadeante y tenue, por lo que solo puedo manejar estos personajes con la mayor dificultad. De hecho, este pobre garabato debe ser copiado de nuevo si quiero conseguir ponerlo a salvo a través de la lejana Ts'ung Ling. Pero hay momentos en la vida, momentos muy serios, en los que se pueden descuidar las formas en interés del asunto que se está tratando. Pero cuando imagino que nadie más que yo podrá escribir todo lo que ha ocurrido, y que si no se escribe, se perderá una hora histórica para los que vengan después, cuando considero todo esto, me impulsa a trabajar. Si espero, seguramente se olvidarán muchas cosas, aquí una nimiedad, allí algo esencial, y algo del curso de esta desconcertante cadena de extraños acontecimientos, que es necesario para la comprensión de lo que sigue; pues lo menos que puedo hacer es completar mi historia mientras está viva en mí. Es cierto que casi doy una cabezada por el cansancio, y me duelen la espalda y los muslos, y también tengo que seguir bostezando, pero ¿qué significa eso? ¿Quién soy yo para preocuparme por mi comodidad? Sin embargo, será un consuelo para mis descendientes, si alguna vez surgen de mis entrañas, saber que

—según mi propio y pobre informe— serví fielmente a mi príncipe hasta el final.

Cada vez que detengo mi pincel para pensar en un proceso o una expresión, oigo a los animales moverse y masticar su comida. Incluso puedo escuchar su respiración. La habitación donde vivimos no es más que un agujero estéril con suelo de barro donde la estufa *k'ang* esparce el humo tóxico del carbón quemado. Fuera, en el patio abarrotado y desordenado, se apilan fardos y fardos de nuestra seda, que se dirigen incesantemente hacia el oeste; los vi a la luz del atardecer cuando entramos.

Debo descansar un poco, ya que es nuestra primera oportunidad de recostar nuestras palpitantes cabezas; quiero dormir unas horas antes de que el amanecer ilumine el camino del campo. Debemos irnos al amanecer.

Por lo tanto, me apresuro a reanudar mi relato. Mientras estábamos los dos acurrucados en el parapeto —no sé si fue durante mucho o poco tiempo—, Mosulla me puso de repente la mano caliente sobre la boca, giró la cabeza rápidamente y escuchó. Entonces, yo también oí el sonido lejano y suave de un crujido. No entendí inmediatamente lo que significaba, aunque me produjo un escalofrío, y mis sueños melancólicos cesaron de inmediato. Solo cuando Mosulla se apartó de mi lado y caminó por el tejado con el paso ligero y seguro de un ciervo, empecé a comprender. Oí el chirrido igualmente lejano de una bisagra oxidada y el cierre cuidadoso de una puerta de jardín. Me pareció que después de eso pasó mucho tiempo, un tiempo muy largo, durante el cual ningún ser vivo se movió ni respiró. Después, me pareció ver, muy borrosamente, en el fondo del jardín, una sombra que se deslizaba entre las sombras más profundas de los álamos y los distritos negros donde se encontraban los rosales de dulce aroma; el movimiento no era diferente de la sombra que proyecta en el suelo una paloma en vuelo. De nuevo pareció pasar un largo tiempo, y, entonces, dos sombras revolotearon hacia la casa. Me dirigí hacia las escaleras; todo mi cuerpo temblaba, y tenía los labios y la boca bastante secos, pero, entonces, me detuve de nuevo a la sombra del pabellón. No sabía qué hacer. Ni un solo ruido provenía del pabellón, donde el príncipe estaba sentado en el mismo diván en el que ella había descansado, feliz por su amor y por los tesoros que había traído del trono del mundo para ponerlos a sus pies; a través de la celosía podía verlo sentado, con su noble cabeza enterrada entre las manos. Los rayos de la luna caían sobre él en ángulo, y una luz muy tenue salía del brasero humeante. Entonces oí el sonido de unos pies ligeros y ágiles al pie de la escalera, e inmediatamente entré en el pabellón, encendí las tres lámparas y dije simplemente: «Está aquí».

Levantó la cabeza y me miró con ojos angustiados; por un momento, me miró con incredulidad, pero luego él también oyó los pasos apresurados —ya en el tejado—, se levantó lentamente, como si le causara dolor, y, sin embargo, una gran esperanza brilló en sus ojos jóvenes y cansados. Entonces, como un relámpago, ella se despojó de su capa y su velo, se aferró a él, sollozando suavemente, y murmuró desgarradas palabritas de amor en la lengua yüeh chih, mientras él la apretaba contra sí y le susurraba cariños igual de desgarrados y brillantes en nuestra lengua.

Qué extraño es imaginar ahora que estos dos no podían comunicarse con una sola palabra, que solo podían comunicar con sus ojos y sus manos calientes una pequeña parte de lo que llenaba sus corazones ardientes. Ambos lo habían dado todo; ambos habían desafiado a la muerte, como lo hacían ahora de nuevo. Es extraño, además, que, por mucho que fueran príncipe y reina, volvieran a parecer solo un niño y una niña —y lo son— a los que la afición por la aventura había enredado en una pasión adulta en la que ahora estaban atrapados sin remedio... Incluso rieron; este chico y esta chica rieron suavemente en la cara de la muerte mientras se acurrucaban juntos, y ella acariciaba su pelo corto y suave mientras él sostenía su orgullosa cabeza en sus manos, alrededor de la cual el pelo corto y grueso bailaba, y miraba profundamente en sus ojos oscuros. Entonces, de repente, se volvieron profundamente serios y se besaron a la manera del yüeh chih.

No pude soportar más la visión y quise salir del pabellón. El miedo se apoderó de mí. En un instante me di cuenta de que esta segunda visita no podía pasar desapercibida, pues las reinas no pueden vagar solas por la noche en ninguna ciudad del mundo. Pero antes de que pudiera llegar a la puerta, la mano de Mosulla me retuvo. Y entonces ocurrió lo que ahora me parece lo más extraño e increíble de todo este drama de pasión y catástrofe. Cuando me detuve vacilante y me di la vuelta, Mosulla se arrojó a mis brazos, me miró tristemente con ojos brillantes y susurró: «¡Le quiere! ¡Es terrible!». Luego, apretó sus labios contra los míos, y así nos quedamos abrazados, dos parejas de enamorados en el tejado de una casa de Balkh, sin tener en cuenta todos los peligros que nos rodeaban, y sin pensar en lo más mínimo que una pareja estaba formada tan solo por un subsecretario de octavo rango y una esclava del harén de un visir semita, mientras la otra lo estaba por una reina reinante que sollozaba como una niña desesperada en el pecho del majestuoso Hijo del Cielo. Me pregunto si ha habido alguna vez una escena similar en este viejo y confuso mundo.

Entonces la reina habló:

—Dile a mi amado —me ordenó, sin ni siquiera levantar su hermosa cabeza de pelo despeinado de su pecho—, que sus amigos han muerto y que el visir tiene la intención de hacer que lo maten también mañana. Dile que me vigilan, que sin duda me han seguido esta noche. Dile que, al amanecer, cuando se abran las puertas de la ciudad, debe huir de Balkh disfrazado de mercader o sirviente. Dile que un día, si lo desea, iré a él como su esclava, pero ahora no hay salvación para él en Balkh; al amanecer debe huir.

Con el corazón encogido, traduje estas palabras a sus ansiosos oídos. Ella había sabido todo esto y había venido sola a través de la noche para salvarlo. E incluso ahora no había miedo en sus orgullosos ojos, solo pasión y fuerza de voluntad. Esta niña, que apenas había conocido a sus padres, cuya perdición había sido que sus años más receptivos habían sido dominados por el insidioso y destructor Barbarroja, mostraba ahora su grandeza innata. El amor había despertado su corazón, lo había abierto y lo había llenado de luz, y ahora tengo claro que le pareció fácil sacrificarse, sin rechistar, cuando fue necesario, solo para salvar a su amado. Ni esta corte abandonada ni la fea red de maldad con la que el alma de esta chica había estado atrapada durante tanto tiempo habían podido dañar su verdadera nobleza. Incluso ahora siento el trago en la garganta y el salvaje tirón en el corazón mientras le traducía con reverencia lo que ella había dicho.

Escuchó como un gobernante y luego sonrió gravemente:

—Dile a la reina de Balkh —ordenó— que me iré si ella huye conmigo. Dile que las tropas de mis mejores generales protegerán a sus generales de los romanos. Dile que será mi primera consorte, mi reina, mi emperatriz, y que gobernará conmigo un imperio diez mil veces más poderoso que Balkh.

Con lágrimas en los ojos, repetí estas palabras en la lengua yüeh chih. El príncipe la miró mientras lo hacía, y también yo y Mosulla. Su rostro mostró consternación y confusión, y luego sus ojos se iluminaron lentamente. El príncipe la abrazó y le acarició el pelo, mirando aquel rostro que su amor había hecho brillante y suave. Ahora me parece que no pudo hacer frente a la tarea. Todavía no conocía la seriedad de la vida, solo era una niña mimada que había sido transformada, de la noche a la mañana, por el milagro del amor, conmovida, turbada, despertada a la dulzura y, a la vez, elevada por encima de sí misma hasta el último olvido y confundida por todo ello. Sintió sus brazos alrededor de su ágil cuerpo, su dulce aliento en sus mejillas y sus hermosos ojos posados en ella. De repente, las lágrimas brotaron de sus ojos y rodaron por sus mejillas. Ella levantó la cara hacia él:

—¿Vienes? —preguntó el príncipe en chino, ajeno a mi presencia.

Traduje modestamente.

—Sí —susurró desesperadamente—. Quiero ir contigo al fin del mundo. Tu vida será mi vida, tu casa mi casa. Si te matan, moriré a tu lado.

Yo también tuve que repetirlo. Y entonces Mosulla me sacó suavemente. Apreté mi mejilla contra la suya en la sombra, sintiéndola húmeda.

—Todo esto es una locura —susurró—, pero es glorioso, ¡oh, mi amado!

De nuevo fue Mosulla quien escuchó algo primero. Me cogió de la mano y me llevó de puntillas hasta el parapeto desde el que se veía la carretera. Cuando oí el sonido de los caballos resoplando, en estampida, y el tintineo de las bridas, me pareció que se me helaba la sangre.

Los caballos estaban alineados contra la pared opuesta del estrecho camino. Los soldados permanecían charlando en grupo o sentados en el bordillo. Había, probablemente, entre veinte y treinta de ellos, lo que era suficiente, por supuesto. Dos oficiales estaban un poco separados. Justo detrás de la hilera de caballos, vi el palanquín de su excelencia apoyado sobre sus cuatro patas talladas; los enormes esclavos negros que solían llevarlo se habían apoyado en uno de los edificios y se secaban el sudor de la cara. En la planta baja se cerró una puerta. Ciertamente, nuestros fabulosos sirvientes habían abierto. Luego siguió un largo silencio. Quise advertir a los amantes, pero Mosulla me retuvo, y comprendí rápidamente por qué. Todos estábamos completamente indefensos. Solo había una escalera que bajaba a la casa. Nuestro fin parecía haber llegado. Lo único que pudimos hacer fue acurrucarnos fuertemente durante los pocos momentos que nos quedaban.

Es extraño el tiempo que pasó. Al menos a nosotros nos pareció bastante largo. Desde entonces, me he preguntado a menudo si registraba una habitación tras otra o interrogaba a los criados. Tal vez estaba haciendo ambas cosas. Por naturaleza, el visir es lento en sus movimientos. Lo único rápido que tiene es su mente fría e inteligente. En este sentido, me parece que está dotado de un talento muy superior al normal. Mosulla afirma que esta es una característica de su raza, que no se ve inhibida por las tradiciones de las grandes poblaciones sedentarias. Por lo tanto, tiene la capacidad de pensar mucho más rápidamente que otros pueblos en cuestiones de comercio e intriga política, o, en todo caso, más desinhibidamente; a lo sumo, se guía ocasionalmente por preocupaciones ajenas a nosotros.

Cuando ahora pienso en todo el horrible suceso y trato de reproducirlo con precisión por escrito, siempre me sorprende que el visir, obviamente, no solo subió solo las escaleras hasta el tejado, sino que entró en la casa sin ninguna escolta. Creo que Mosulla lo atribuyó a su inmensa y fatal vanidad; en todo caso, expresó algo parecido. Y, sin duda, la vanidad jugó un papel en ello. Parecía sentirse bastante seguro aquí, en el corazón de la ciudad que gobernaba despóticamente, con un destacamento de su propia escolta, oficiales y soldados rasos, esperando fuera de la casa para su despliegue inmediato. Con un apoyo tan poderoso en el fondo, parece haber encontrado un placer perverso en la simple intromisión de una reina y un rey. Aun así, creo que quería evitar que los ojos mezquinos de los soldados y los sirvientes vieran a la reina. Porque todavía le sería de gran utilidad en su cerebro conspirador, no solo para sus intrigas de largo alcance, sino, sobre todo, porque ella era considerada por este pueblo seducido como la representante viva y el símbolo de una casa antigua. Frente a toda su riqueza, su habilidad política y su poder, y frente a su ejército, había una niña que todavía sabía poco de la vida, le temía y le obedecía en silencio, pero que, sin embargo, se dejaba llevar por poderes antiguos e imponderables, de los que podía servirse, pero que él mismo no era capaz de alcanzar ni de comprender.

Pero mi pincel se pierde en una densa maleza de palabras. Sorprendentemente, vino solo. Primero, oímos el paso pesado y lento que se acercaba a las escaleras del pasillo; luego, una pausa; después, el golpeteo deliberado de los pies planos en las escaleras. Mosulla me besó. Me acerqué al pabellón y esperé allí, con mi amada siempre a mi lado.

Desde el último escalón, se dirigió pesadamente hacia la luz de la luna que iluminaba tan suavemente y, a la vez, tan nítidamente el techo blanco y puro. Incluso se reflejaba en su barba, que brillaba con el tinte. Ahora nos vio, y creo que sonrió. De todos modos, se puso delante de nosotros y se inclinó. Era frío, autoritario y, a la vez, implacable. Era dueño de la situación y se regodeaba en el disfrute de su poder, como suelen hacer las naturalezas intrigantes y calculadoras.

—Ah, Jan Po —dijo, haciendo una leve reverencia y juntando las manos frente a su pecho casi a nuestra manera—, es realmente un placer encontrarte en casa.

—Y para mí es un placer que su excelencia se digne a visitarme.

Los dedos de Mosulla me apretaron el brazo como para advertirme; pero no tuve miedo. Incluso se me ocurrió qué placer sería abalanzarse sobre este repugnante epicúreo, arrojarlo al techo y luego pisotear salvajemente su gorda barriga. Sin embargo, ante esta audaz idea, recordé a tiempo que sus lamentables gritos convocarían inmediatamente a los soldados. Sin embargo, difícilmente se les permitiría matarnos como a cerdos, ya que ellos, o los de su clase, habían matado al hijo del duque, Lu, y al pobre Wen Fui; seguramente mi príncipe no había sido atraído al otro lado del mundo para eso. No, el viejo Barbarroja todavía nos necesitaba. Lo noté con satisfacción.

Miró más allá de mí hacia el pabellón y me giré. La luz de las tres lámparas del interior apenas era más fuerte que la de la luna del exterior, y, sin embargo, yo —como él— vi una figura alta que se levantaba del diván y se dirigía hacia la puerta. Y yo —al igual que él— oí un sonido que no era tanto un grito ahogado como un gemido, y yo —al igual que él— supe por él que una chica asustada, que también era una reina, había oído su voz. Quiso entrar, pero el príncipe fue más rápido, salió con pasos firmes y se puso delante de él.

El visir se inclinó, aunque no lo suficientemente bajo y sin una verdadera reverencia en sus ojos entrecerrados.

—¡Alteza! —dijo en voz baja.

El príncipe me dirigió una mirada severa y yo traduje. Tuve la impresión, mientras lo hacía, de que el Hijo del Cielo sentía cierto alivio. Joven, audaz y vivaz como era, despreciaba las intrigas y prefería un enfoque abierto. Y ahora que obviamente no había ningún secreto, era libre de decir lo que pensaba.

—¡Te has entrometido aquí! —dijo a través de mí.

El visir se inclinó de nuevo. No era un personaje, sino solo un intrigante.

—Su alteza debería saber por qué.

Pensé que el príncipe le golpearía, como yo lo habría hecho con gusto. Pero la reina, no queriendo esconderse en un rincón, se levantó del diván y pisó con orgullo el umbral.

De nuevo el visir se inclinó con una media sonrisa y se dirigió hacia el pabellón. El príncipe miró a la reina y luego caminó detrás de él. Luego nos encontramos todos en la gran sala y nos quedamos un momento en silencio. Ibn Shu Ber Din miró a su alrededor; vio las vasijas de oro y los bronces, las suntuosas sedas, los bordados y los terciopelos, las piedras de jade talladas y las nefritas, y en las comisuras de su cruel y sensual boca volvió a aparecer una sonrisa traviesa mientras brillaban sus ojos de cerdo. Todos en Balkh sabían que amaba sus riquezas por encima de todo, sus rubíes y piedras de jade, sus pesados cofres llenos de monedas de oro de Ciro, Darío, Iskander y de un nuevo emperador occidental llamado Nerón, monedas de Grecia, Egipto e India. Pero nunca antes había visto seda como esta, ni jade como este; pues toda esta colección dispersa de artefactos de valor incalculable procedía del tesoro imperial. Nunca antes unos ojos mezquinos y extraños los habían contemplado. Y sabía tan bien como el príncipe, la reina y Mosulla que ya los consideraba de su propiedad. Al menos consiguió disimular en cierta medida su codicia.

—Lamento profundamente la urgente necesidad de molestar a su majestad —dijo, esperando que yo tradujera—. Si estuviera en mi mano, pagaría con gusto a su alteza —se dirigió entonces al príncipe— todas las atenciones, incluso le daría completa libertad. Pero los deberes de un estadista pesan mucho sobre mis débiles hombros. Nuestro indigno país se ve acosado y amenazado por fuertes potencias tanto en Occidente como en Oriente. Debemos aprovechar todos los medios a nuestro alcance. Los enemigos de Occidente pueden ser apaciguados con un pequeño regalo. Exigen una cantidad suficiente de la semilla de la planta de la seda. Por defensa propia, debemos esforzarnos por cumplir este deseo. Ese es simplemente mi deber. Y estoy seguro de que su alteza ayudará de buen grado y con gusto al pueblo de Balkh en este pequeño asunto. He venido, por tanto, a hacer la modesta propuesta de que su graciosa y exaltada alteza permanezca con nosotros durante el tiempo que el meritorio Jan Po tarde en viajar al este y procurarnos una caravana cargada de semillas. Le aseguro a su alteza que durante este necesario retraso no será molestado en absoluto. Me gustaría añadir que, a mí, a su majestad y a la corte nos producirá el mayor placer entregarle, como regalo a su pueblo y a ambos, los caballos que le hemos procurado y que están ahora aquí abajo en los establos. Para ello he mandado hacer una tablilla con mi sello personal, mediante la cual él y sus animales podrán pasar por cualquier las puertas de cualquier ciudad de nuestro humilde reino.

¡Así que quería tener como rehén al Hijo del Cielo! Me quedé sin palabras durante un buen rato, jugando inconscientemente con la tablilla de oro que me había puesto en la mano. Pero, finalmente, encontré mi voz de nuevo y traduje cada palabra. Una vez, cuando mi memoria flaqueó, Mosulla me ayudó en silencio.

—Agradezco a su excelencia tanta precaución —dijo el príncipe con calma y consumada dignidad—, pero me temo que no está en mi mano cumplir su deseo. Las semillas de la seda significan la riqueza de China. En el Imperio Han, la ley está por encima de todo. Ni siquiera un príncipe puede actuar en contra de los principios por los que se rige su pueblo.

—Esto es desafortunado —dijo el visir—, y hace que mi posición sea considerablemente más difícil. Espero, sinceramente, que su alteza disponga dentro de los muros de esta ciudad de los lujos y comodidades debidos a su alta posición, hasta que la llegada de las semillas haga posible un placentero viaje por las lejanas montañas orientales hasta las tierras de su glorioso e inconmensurable imperio.

—Lamentablemente, debo responder que mi viaje debe comenzar de inmediato, excelencia.

Al decir estas palabras, los ojos del príncipe buscaron por un momento los de Roxana, oscuramente interrogantes.

—Es con mayor pesar que me veo obligado a informar a su alteza que abajo, en la puerta, los soldados de mi guardia esperan mi orden.

Después de haber traducido esta increíble expresión al chino, hubo una larga pausa. Vi que el príncipe caminaba lentamente hacia Roxana, que deslizó su mano en la de él y la sostuvo de manera que los dedos de ambos se volvieron blancos. Vi que las comisuras de los labios del viejo Barbarroja se levantaban ligeramente mientras sus pequeños ojos brillantes observaban a ambos. Y vi que el príncipe miraba entonces, pensativo, las cuerdas y el cuchillo que yacían en la pared lateral junto a las fundas de plomo rotas.

La siniestra sonrisa del visir se amplió.

—¿Puedo aventurarme a recordar a su alteza —dijo con mezquina picardía, dirigiéndose a mí por primera vez, más que al príncipe— que un cargamento de semillas de seda en una caravana no es más que una pequeña compensación por el privilegio de disponer de la persona de nuestra reina?

Vi cómo se disparaba un rubor caliente en el bello rostro de Roxana. El príncipe también lo notó, la atrajo más hacia sí y preguntó rápidamente:

—¿Qué dijo el pícaro?

Dudé. Pero tuve que dominar la situación, yo solo. Nadie más me podía ayudar. Así que traduje las palabras con la mayor indiferencia posible.

El príncipe no mostró ninguna preocupación. Parecía estar considerando el problema tan seria y ansiosamente como una decisión de estadista. Incluso me preguntó, con toda la calma del mundo:

—¿Realmente dijo eso?

Cuando incliné la cabeza, siguió considerando. Un momento después —el viejo Barbarroja seguía sonriendo a su manera mezquina e insinuante—, miró a su alrededor como por descuido, cogió un trozo de seda, hizo con ella una bola y me la entregó.

—Méteselo en la boca —dijo despectivamente.

Obedecí al instante, y la sujeté con otra tira de seda que Mosulla me entregó rápidamente y que anudé detrás de su cuello.

—Mejor, átale también las manos y los pies —dijo el príncipe.

Creo que fue la reina la primera en agarrar una cuerda. Le sujeté los brazos a la espalda mientras Mosulla se los ataba. Sus pequeñas manos eran extraordinariamente hábiles y seguras. Cuando evoco esta violenta escena, me acuerdo de que, en un tono muy práctico, hizo todo tipo de pequeñas sugerencias sobre la mejor manera de atar a Barbarroja. También recuerdo que el gordo arremetió violentamente hasta que el propio príncipe le sujetó las piernas. Lo atamos. Durante todo el proceso,

Barbarroja emitió débiles gruñidos, como un cerdo en un saco.

Aunque todos los acontecimientos son confusos en mi memoria, los detalles vuelven a estar claros en mi mente. Estoy seguro de que en esos momentos ninguno de nosotros pensó en vivir o morir. Los soldados podrían haber subido las escaleras y haber ido directamente hacia nosotros en cualquier momento sin causar mucha impresión. En general, no soy amigo de los actos de violencia. Y desapruebo la tortura, aunque reconozco su valor para fines militares y políticos. Solía apartar los ojos cuando en las calles de Lo Yang, Chang Ngan o P'ing Ling (de hecho, incluso durante mi juventud en esa antigua ciudad) el verdugo público aplicaba los siete cortes antes de decapitar al criminal, y lo hacía incluso cuando sabía que el severo castigo era merecido...

En cierto modo, no me gusta pensar ahora que en aquella ocasión yo mismo me pasé de la raya. Sin embargo, había un profundo instinto de justicia en todo lo que hacíamos. Por fin ese villano retorcido estaba indefenso en nuestras manos, ese mezquino advenedizo y vendedor de almas que había subvertido un reino e insultado a una reina. Ningún castigo era demasiado severo para él. Lo único desafortunado fue que esta retribución no tuvo lugar en la gran plaza frente al palacio para que todo Balkh pudiera observarla. La turba, seguramente, habría disfrutado de su humillación.

Esta miserable lámpara parece estar goteando...

Por suerte, encontré otra mecha y algo de aceite en un armario. El vigilante nocturno pasa y hace sonar su gong con fuerza. Acaba la noche, y, antes de que me dé cuenta, la hora del mono habrá llegado. Me siento agotado y, sin embargo, estoy muy despierto, y me impulsa una fuerza de voluntad febril. Ahora, sin duda, estoy demasiado cansado incluso para dormir. Sin embargo, un poco de sueño sería vital para nosotros. Pero es igualmente importante que todo lo que ha sucedido se escriba con veracidad y en el orden correcto. El Maestro lo ha expresado perfectamente: «El hombre superior hace del sentido del deber el fundamento de su carácter, en la acción lo une con el sentido de las relaciones armoniosas, lo pone en acción lleno de desinterés y lo perfecciona mediante la sinceridad y la verdad. Entonces, es verdaderamente un noble».

Permanecimos en torno a esta criatura agitada y miserable cuyos gemidos no se oían, y, de nuevo, me sorprendió la absoluta falta de dignidad de este hombre que solo había conocido la vanidad y la lujuria. Estaba completamente acabado. Lo desprecié. Entonces, se me ocurrió que Mosulla se había salvado de él solo por la afortunada circunstancia de que su harén estaba bien surtido y que yo había llegado en el momento oportuno. Entonces, volví a sentir el irreprimible deseo de ponerme violento, que se despertó en mí por la mera visión de este hombre mezquino, y me olvidé no solo de mí mismo, sino también de la reina de Balkh y del Hijo del Cielo, que estaban juntos en profundos pensamientos y considerando su destino con gran seriedad. Con ambos pies salté sobre la gorda barriga de este villano que se retorcía. Los sonidos que emitía eran diferentes, y se volvieron bruscos y convulsivos. Dos o tres veces volví a saltar, y luego, en un verdadero ataque de rabia, me arrodillé sobre él y le presioné los dos pulgares en los ojos saltones. Y aunque esta confesión es para mí vergonzosa, me deleitaba en este acto bárbaro, e incluso ahora disfruto al recordarlo.

El príncipe me alejó; creo que se rió. Entonces, muy rápidamente y con la expresión de quien tiene que hacer algo desagradable, cogió el cuchillo, agarró por la barba color henna la cabeza del que antes había sido Ibn Shu Ber Din y le cortó el cuello.

La sangre salió disparada como un pequeño manantial burbujeante, tan rápidamente que todos dimos un pequeño salto hacia atrás. El príncipe limpió el cuchillo en la falda del visir y luego lo guardó en su cinturón. Pero la reina, que al principio se había quedado helada de horror —no creo que lo hubiera sentido tan profundamente si su corazón no se hubiera abierto por el amor—, echó los brazos al cuello de mi príncipe, que también era su príncipe, y sollozó como una niña pequeña. Al fin y al cabo, había sido su maestro, y los recuerdos de la infancia penetran en lo más profundo de nuestras almas y determinan nuestros sentimientos hacia nuestros educadores, aunque, posteriormente, resulten totalmente indignos ante el juicio de la persona madura.

Mosulla fue la única que pensó en ir a la puerta y mirar hacia las escaleras. Me di cuenta y me uní a ella.

—¡Oye! —susurró.

Luego, en la calle, oí a los soldados charlar en voz baja y reír.

—¡Debemos huir ahora! —dijo Mosulla.

—Habla con la reina —respondí. Luego, me dirigí yo mismo al príncipe.

Mosulla comprendió de inmediato y tocó el brazo de la reina; esta manera primitiva parece ser común en este reino.

—Oh, Hijo del Cielo —murmuré, inclinándome muy bajo—, la noche avanza. Pero aún puede haber tiempo para vestir rápidamente a la reina y a la esposa de vuestro indigno servidor, tomar los caballos de los establos y viajar hacia el este. Es posible que el jardín no esté rodeado. La tabla del visir nos hará pasar por la puerta de la ciudad. Creo que sería bueno que su alteza se dignara a disfrazarse de mi sirviente.

Sonrió un poco, pero pareció aceptar mi sugerencia y se volvió hacia la reina con una tierna mirada interrogativa. Traduje rápidamente a Mosulla lo que había dicho.

Entonces, por primera vez, se me ocurrió la idea de que podría haber otro punto de vista que el nuestro, y que podría prevalecer. Esta idea, y también los acontecimientos que siguieron, me preocuparon profundamente.

En los tres días de desesperación que ya han pasado, he seguido intentando reconstruir todos los pequeños detalles de los acontecimientos como en un juego de paciencia. Al principio, y también el primer día de nuestra huida, creí que era solo la obstinación de una chica confundida la que causaba a nuestros corazones esta pena, y dirigía nuestras vidas hacia un camino en el que no nos esperaba más que la soledad, la añoranza y el sufrimiento constante. Entonces, creí que había vuelto a fracasar, o incluso que mi príncipe no había dominado la situación lo suficiente como para dirigirla como nuestro amor y fidelidad esperaban. Sin embargo, al final de nuestro primer día de fuga, le retuve cuando quiso dar la vuelta. Además, no podía tomarse la justicia por su mano, ya que ni siquiera podía hablar con la mujer que amaba. En definitiva, estaba completamente indefenso. La culpa era mía, si es que se puede hablar de culpa.

Hay momentos extremadamente dramáticos en la vida de ciertas personas en los que las convicciones se enfrentan con tanta fuerza que el amor, la esperanza y todos los deseos personales pasan, inevitablemente, a un segundo plano. Y ahora creo que esa noche vivimos un momento así. Cuando la joven reina se levantó y, sin ocultar sus lágrimas, miró aquel repugnante cadáver sobre la alfombra, vi o sentí en sus ojos una dignidad como nunca antes había percibido en ella. Y mi corazón egoísta se hizo pesado, porque debía de haber percibido algo de su resolución de forma inconsciente. Sí, incluso antes de que mi oído lo oyera o mi cerebro lo comprendiera, mi corazón ya había entendido que ella sería capaz de dominar la situación antes que mi príncipe o yo.

Ahora creo que su decisión original de huir con nosotros fue el deseo de un niño que quiere huir de un tutor al que odia. Pero el odiado guardián yacía ahora muerto a sus pies. Era libre, y era la reina de Balkh. La sangre de Iskander, el más grande de los conquistadores occidentales, corría por sus venas. No quería irse. Cuando mi príncipe, casi angustiado por la mera idea de perderla, la tomó en sus fuertes brazos y la apretó fuertemente contra su pecho, susurrando su nombre como lo había oído en la lengua occidental, y besándola como ella le había enseñado, ella sollozó y se acurrucó contra él, pero no quiso irse. Entre lágrimas, me pidió que le explicara.

—Dile a mi amado y a mi amo —susurró desgarradamente— que nunca tomaré otro marido. Dile que podemos tener un hijo y que quiero hacerlo rey en Balkh. Si mi señor lo desea, volverá un día y me hará su consorte. Pero no puedo huir de mi trono ahora como un ladrón en la noche, y no puedo protegerlo.

Me resultó muy difícil traducir estas palabras. Sabía tan bien como él, mientras las frases pasaban lentamente por mis labios, que tal vez no volverían a encontrarse si el destino, los años y el mundo entero los separaban. Pero su elevado espíritu, que había aparecido de repente, triunfaría esa noche, aunque al día siguiente le esperaba la mayor incertidumbre y un tiempo terrible.

Y así tenía que ser.

Los cuatro miramos por encima del parapeto. Los soldados estaban de pie y sentados, charlando como antes. Los portadores de la litera del visir estaban jugando al azar en la acera. Así que bajamos las escaleras de puntillas. Sentí en ese momento, como lo siento ahora, que el príncipe había despertado a una concepción más profunda de sus propios deberes, que la que había poseído hasta entonces, a través del noble porte de la reina. Con seriedad y sin decir una palabra, me dejó ponerme la túnica de siervo.

Nos deslizamos como fantasmas por el jardín bajo los altos y silenciosos álamos y pasamos por delante de los rosales, cuyo aroma se asociará para siempre con el doloroso eco de los recuerdos secretos y sagrados. No había ningún guardia en la puerta. El príncipe avanzó con decisión. Creo que en ese momento habría agradecido la muerte. Cuando se volvió a girar, la reina, que realmente era una reina, apretó sus labios contra los suyos y su corazón palpitante contra el suyo por última vez, tomó el brazo de Mosulla y, sollozando, susurró: «Vamos,

Mosulla»; luego, se fueron. Ni siquiera había podido dar un beso de despedida a mi amada. Se me había escapado.

Creo que me estaba comportando como un hombre poseído por los demonios. El príncipe fue el primero en entrar en razón. Puso su mano firmemente en mi hombro. «Ven, Jan», dijo en voz baja, como un niño infeliz, y luego se adelantó a los establos. Solo estaba el vigilante nocturno. El príncipe consideró oportuno matarlo con el cuchillo que había llevado consigo. Aquí nos encontró el horrorizado Ying, que se quedó mudo de miedo. Me había olvidado de él.

Ensillamos la yegua alazana que llamé Mosulla para mí y el semental manchado para él. Para Ying, yo mismo ensillé un caballo. El príncipe había querido primero ensillar el semental rojo sangre, lo que consiguió tras algunas dificultades. Sin embargo, como el riesgo de sufrir lesiones era demasiado grande y el noble e indómito animal no quería seguir y no se habría dejado conducir a cualquier precio, convencí al príncipe de que lo dejara en pie, ensillado como estaba. Casi todos los demás caballos corrieron detrás de nosotros, tal y como yo esperaba con seguridad. Cada uno de nosotros conducía dos animales, los demás nos seguían libremente. Nos llevamos un total de trece, de los que ahora seguimos teniendo doce.

El crepúsculo ya coloreaba el cielo oriental cuando presenté la tablilla del visir en la muralla, y el bullicio del día ya empezaba a agitarse en la ciudad. Los carros chirriaron en las calles y las primeras caravanas de burros y camellos comenzaron a moverse.

Cabalgamos despacio hasta que pasamos los suburbios, pero luego nos pusimos en marcha.

Los caballos estaban tan motivados que era difícil conseguir que redujeran la velocidad cuando pasábamos por los pueblos y las casas de descanso del Gobierno. Su resistencia fue bastante sorprendente durante esos tres días. Cada pocas horas cambiaba de Mosulla al caballo castrado más fuerte, y el príncipe se turnaba para montar el semental gris y la yegua Roxana. Ambos sentimos mucho haber tenido que dejar atrás al semental rojo. Es una pérdida para China.

Solo pudimos comer un poco durante el viaje. Calculo que este galope nos llevó por la gran carretera a una velocidad de, no menos, de trescientas *li* diarias, día y noche, de modo que cubrimos casi mil *li* hasta ahora. No creo que los soldados puedan alcanzarnos a esta velocidad, sobre todo porque vamos sin equipaje. También tenemos a la reina de nuestro lado; sin embargo, no debemos meterla en problemas por dudar. Mantendremos este ritmo. Los caballos estaban agotados cuando terminamos la cabalgata esta tarde, pero el descanso nocturno los recuperará. El mundo oriental aún no ha visto nada parecido.

El príncipe parece ahora diez años mayor, se ha convertido en un hombre. Es muy amable conmigo, pero nunca sonríe. Me parece que piensa mucho en su pueblo y en el gran honor que le espera cuando un día le sirva como emperador dominador del mundo. Es una idea muy sana. De la reina no hablamos. Es imposible para nosotros. La persecución salvaje de nuestra huida es una bendición, por lo que solo hablamos de ella y de los caballos. Estos animados y nobles animales se hacen rápidamente con todo el mundo.

El príncipe está ahora durmiendo en la habitación de al lado.

Por fin se me ocurrió un pensamiento sabio. Volví corriendo al pabellón y busqué las representaciones de la ebullición y el tejido de la seda. Así que el secreto de la seda todavía está a salvo, y así se mantendrá mientras nosotros mismos estemos a salvo.

Escrito en un suburbio de Tai Can

Mi Mosulla, gentil y generosa, que me ense-
ñaste lo que es dar, nunca más mis ojos verán tu
rostro. Nunca más contemplaré tu gloriosa forma
en la danza. Nunca más sentiré el roce de tus labios,
que en el recuerdo es una oración de mi alma. Solo
tu reina podría alejarte de mí. Tu alma es mía, pero
tu vida es suya. Mi alma es tuya, pero mi miserable
vida la ofrezco como un mísero regalo al Hijo del
Cielo. Me apresuro a cruzar el mundo hacia una
tierra que una vez fue mía, pero donde no hay la libertad y la gracia y el corazón abierto que son la flor
de loto y el iris para mí. Triste y con el rostro desviado caminaré entre los de pies de lirio. Solitario me
tumbaré en la colina del tigre sentado y miraré con
ojos infelices hacia el atardecer.

En Jauzgun en Badashan

El otoño blanco se asienta en las montañas. En los valles de este fértil reino, los hombres traen el grano y las fuertes mujeres pisan las uvas azules y amarillas en el lagar. Como la carne de cordero, los huevos y las pastas, y bebo el vino de la tierra; todo el día cabalgo esforzado; me siento fuerte y sano, y estoy curtido, pero, aun así, estoy como ahuecado. El Hijo del Cielo y yo nos tratamos como dos amigos muy comprensivos. Esta tarde me permitió citarle las palabras de Confucio: «Si un hombre es capaz de transformar su propio corazón, ¿qué debería impedirle participar en el gobierno? Pero si no puede transformar su propio corazón, ¿cómo va a querer transformar el de los demás? Un gobernante virtuoso es como la estrella polar, que siempre permanece en el mismo lugar mientras las otras estrellas se inclinan ante ella».

—Así es exactamente, Jan —dijo con nostalgia. Y luego continuó—: Hasta ahora solo he vivido para mí, amigo Jan, solo para mí.

Ahora siento cómo ha crecido en él el sentido de la responsabilidad, y me siento orgulloso de servirle.

Un día de viaje más tarde; noche, montañas. Ha pasado un mes desde que dejamos Balkh

Esto es lo que pasó. Montamos los caballos cansados al paso por un cuello de botella. Ahora solo tenemos diez animales, pero el semental está con nosotros y también las dos hermosas yeguas, Roxana y Mosulla. La semana pasada se cayeron un potro y un castrado, y otra potra se quedó tan corta y coja que pedimos a un arquero nativo que la matara. Ambos lo sentimos como si tuviéramos que matar a un amigo.

Pero más adelante, al subir el puerto, vimos un lago rodeado de árboles cuyas hojas se habían teñido de bronce, oro y rojo por la escarcha. El príncipe fue el primero en divisar un círculo de tiendas rojas y azules en un promontorio. Lo señaló. Me quedé mirando fijamente, con el corazón latiendo desenfrenadamente en mi pecho. A pesar de la distancia, pudimos distinguir las largas hileras de caballos clavados, y supimos que eran pequeños y desgreñados, a excepción de algunos algo más grandes de la zona de So Chü para los oficiales. Pero ninguno estaba a la altura de nuestros cansados y magníficos caballos árabes, tanto los que montábamos como los que nos seguían como perros fieles.

Un ligero viento descendió desde la ladera de la montaña y, de repente, divisamos la bandera del dragón amarillo sobre el círculo azul y rojo. El llanto se apoderó de mi garganta, y como a través de una niebla miré a mi príncipe, que, sin palabras y humildemente, inclinó la cabeza.

Los guardias nos dieron la bienvenida, eran compatriotas, y nos condujeron a la tienda del centro. El comandante era un tal Ch'eng Po-i, al que había visto brevemente en So Chü. Los guardias se retiraron, Ch'eng despidió a sus ayudantes, luego cayó de rodillas y tocó la alfombra tres veces con la frente.

—¡Por favor! —dijo el príncipe, indicándole que se levantara. Y con suave dignidad añadió—: En Lo Yang sí, pero aquí no.

A continuación, Ch'eng se levantó, pero se sintió visiblemente incómodo.

—Según esto, nuestro viaje se ha dado a conocer —comentó el príncipe.

—Solo para el protector general Pan Ch'ao y para mí, alteza. Las instrucciones provienen del tribunal. Me permito mostrar humildemente a su alteza imperial mis órdenes.

Los llevaba en una bolsa colgada al cuello y los sacó apresuradamente. No pude evitar pensar con tristeza en la pequeña bolsa que el príncipe llevaba al cuello y que contenía el pequeño retrato de marfil de una reina que, como él, había vuelto a su deber tras una aventura pasional.

El príncipe leyó las breves instrucciones y, ante el gran asombro del general Ch'eng, me pasó el pergamino. Apenas sabía cómo comportarme ante esta prueba de amistad y confianza. Así lo había mantenido durante las semanas de nuestra desesperada cabalgata, por las noches en las pequeñas posadas desordenadas entre comerciantes ambulantes, arrieros malolientes y camelleros merodeadores. Pero aquí, en la tienda de un general...

Las órdenes, que llevaban el sello de «secretas y personales», indicaban que debían avanzar hacia el país más allá del Ts'ung Ling, localizar a un hombre conocido en su entorno inmediato como Ch'ing y traerlo de vuelta sano y salvo. La fuerza enviada no era pequeña, pero su estandarte significaba una amenaza que vastos ejércitos estaban dispuestos a seguir. En silencio, devolví el pergamino al príncipe, que se lo devolvió a Ch'eng. Los tres nos inclinamos profundamente.

Mostramos a Ch'eng nuestros caballos. Las manos de los sirvientes ya les habían traído comida y habían comenzado a asearlos. El príncipe, que todavía hablaba como el simple Ch'ing, los hizo desencadenar, e, inmediatamente, se acercaron a nosotros, nos rodearon y olfatearon en busca de dulces. Mosulla apoyó su hermosa cabeza en mi hombro y frotó tiernamente su sedosa mejilla contra la mía por encima de sus sensibles fosas nasales; mis ojos se humedecieron. Ch'eng estaba encantado con ellos. Los oficiales más jóvenes se quedaron embelesados a su alrededor, y cientos de soldados también los admiraron.

Entonces, el general se dirigió a mí y me dijo:

—Querido Jan Po, el protector general me ha hablado de tu misión en Balkh. Me complace confirmar que has llevado a cabo tu misión con total éxito. Y cuando expreso este agradecimiento, soy consciente de que también lo hago en su nombre. Porque era muy importante para él adquirir unos caballos tan perfectos. Has traído un semental, unas yeguas y unos potros tan hermosos como nunca se han visto en el mundo. Van a formar la base de una nueva raza de animales magníficos destinados a la Corte del Cielo y a los comandantes de los ejércitos de su majestad.

Ni siquiera había pensado en la posibilidad de mi propio éxito. Mi corazón estaba en Balkh, y todavía tenía lágrimas en los ojos. Pero me recompuse y me incliné profundamente. El príncipe, sin embargo, me susurró con un suave suspiro:

—¡Ojalá hubiera visto al semental rojo!

El general Ch'eng me entregó las cartas. Una es de Hsü Shen, que debió escribir antes de recibir la mía de So Chü. Nadie más podría componer una carta tan rica en alusiones clásicas y en humor vivo. Habla de las tardes en las tabernas de vino que fluirían lúgubremente sin mi presencia. Hsü me ama. Sus logradas y reflexivas frases y sus finos juegos de palabras evocan en mí la hermosa vida que disfruté en casa, como ninguna otra mente o letra podría recordar. Y, sin embargo, todo esto me resulta ahora extraño y me entristece.

Mi padre también escribió, amablemente como siempre. Lo adoro profundamente. Pero los pequeños informes de nuestra casa en Lo Yang me dejan frío. Nunca podré contar a mi padre y a todos mis parientes en casa lo que he visto y experimentado. Nunca podrán saber cuánto he cambiado. Mi padre alude cuidadosamente a mi matrimonio, demorado largamente. Parece que ha establecido una conexión con un vecino que es el padre de una niña muy hermosa que ha sido educada para ser perfectamente obediente y teje la seda con gran habilidad, la cual sería una mujer como la que solo se encuentra una entre miles.

¿Cómo puedo decirle que en una ciudad lejana, de la que nunca ha oído hablar, vive una mujer a la que nunca volveré a ver, pero con la que me casé según la costumbre de su pueblo, partiendo el pan juntos? ¿Cómo puedo decirle que no busco en una mujer una esclava obediente, sino una compañera? Él nunca entendería todo eso. ¿Y cómo podría hacerle entender que nunca habrá otra para mí que la mujer de mi corazón?

La mujer de Lo Yang sería una lamentable lisiada que se arrastra con pies de lirio.

En mí han chocado dos culturas entre las que no hay entendimiento. Mi corazón se encuentra indefenso entre ellos y es molido lentamente por dos piedras de molino. Tal vez sea mejor así. Me importa poco, y apenas merece la pena vivir. Los recuerdos son el consuelo de los ancianos, y yo me he convertido en un anciano. Que la vida pase. No me importa.

Pero escribiré con reverencia a mi padre y le contaré algunas de mis extrañas experiencias. La historia de los hermosos caballos le interesará. Estará muy complacido de que haya podido hacer un bien a su viejo amigo, el general Pan Ch'ao. Lo entenderá.

Tendremos que quedarnos aquí por un tiempo. El general Ch'eng había enviado un centenar de monturas con nativos como intérpretes por delante de T'ai Can. Debemos haber pasado por delante de ellos en uno de nuestros paseos nocturnos. Es extraño que no hayan oído hablar ya de nosotros y de nuestros caballos, hayan dado la vuelta y se hayan apresurado a seguirnos a través de Badashan, pero quizá estén en camino. Ninguna tropa, por pequeña que fuera, podría haber cabalgado tan rápido como nosotros en nuestra huida. Y esta expedición más grande se arrastrará por las montañas como un caracol gigante. Me estoy impacientando. ¿Pero por qué, realmente?

Ch'ing —una vez más he aprendido a hablar de él y con él de esta manera— vino a mi tienda esta noche. Me encontró escribiendo a la luz de una sola mecha. Vino simplemente como mi amigo. Inmediatamente, mandé traer vino, y al principio bebimos en silencio. Ninguno de los dos necesitaba palabras. Bebimos hundidos en pensamientos profundos.

—Un poco más, luego ya no beberemos este maravilloso vino —dijo finalmente.

No podía hablar. De nuevo, rompió el silencio.

—No entiendo realmente por qué nuestra gente no debe aprender a hacer vino de la uva. Aunque estos frutos apenas son conocidos entre nosotros, tenemos algunas excelentes viñas viejas en los jardines del palacio. Hace unos doscientos años, Chang K'ien las trajo de la misma zona. No debería ser difícil introducir vides en todas partes. Este vino es más ligero que cualquier otro que hagamos de grano, pero sabe mucho mejor.

—Sí —acepté—, mucho mejor.

De nuevo llenó su taza y luego la mía. No podía mover una mano. Bebió a grandes tragos. Sentí que sus ojos se posaban en mí y me miraban de cerca.

—Pobre viejo Jan —dijo entonces.

Ese fue el fin de mi pequeña compostura. Ya no pude controlarme y me comporté como un niño.

—No sería tan difícil —grité— si tan solo pudiera entender. Pero me han metido en todo esto sin ninguna preparación. Estaba completamente confundido. Y que luego todo tuviera que terminar tan repentinamente, como si toda la terrible experiencia fuera solo un capricho de los dioses por el que íbamos a ser atormentados. Cuando me despierto por la mañana, a veces pienso que lo he soñado todo. Pero, entonces, abro los ojos y sé que todo es verdad, y mi corazón se congela. No sé qué va a ser de mí. No puedo seguir viviendo ahora como si nada hubiera pasado. Estoy completamente desviado de mi rumbo. Tengo miedo.

—Fue como una batalla —dijo—. Un joven es puesto en el ejército. Es llevado a un lugar extraño. De repente, se encuentra en una lucha a muerte. No sabe por qué. No puede entenderlo. Tiene miedo. Pierde el control sobre las tareas físicas más simples. Pero en pocas horas su alma pasa por todos los grados de terror, horror, ira, piedad, crudeza, idealismo, valentía, arrebato y embriaguez. Y, de repente, se acaba, inexplicablemente. Vuelve a ser el de antes. Pero está agitado, como nosotros, Jan Po, tú y yo, estamos agitados. Mira el mundo a su alrededor y ya no lo reconoce. Está sacudido y cambiado. Incluso, una vez terminado, tiene miedo. En la noche se le aparecen imágenes terribles y gloriosas. Por eso se ve a tantos hombres, que antes de entrar en el ejército eran chicos sensibles, caminando con ojos extraños y cómplices. Tú y yo estamos condenados a caminar por el mundo con ojos extraños y conocedores… ¡Bebe, Jan Po!

Bebí a grandes tragos. Pero yo estaba al límite de mis fuerzas.

—¿Por qué tenía que pasarme todo esto? —grité en mi agonía del alma—. No me presioné para ello. Me contenté con seguir mi camino como filósofo y poeta de humildes grados. Me conformaba con ser un subsecretario con modestas oportunidades de ascenso.

—Es cierto, Jan Po —dijo pensativo y triste, como si fuera él y no yo el mayor de los dos—, que no buscaste la aventura que arruinó el pacífico plan de tu vida, que —dudó— rompió tu corazón. ¿Pero no ves que en este aspecto eres el menos desafortunado de los dos? ¿No ves que con una pena tan pesada como la tuya, yo también debo reprocharme haber provocado todo lo que he vivido? A veces, por la noche, siento como si hubiera asesinado a mi amigo Lu.

—¡Oh, no!

—Y sin embargo es así. Primero lo corrompí y debilité su voluntad. Y luego, por una loca aventura, lo he llevado a la muerte. Así que ahora, tal vez, no es más que justo, aunque mi corazón se rompe.

Aquí su voz perdió su tono firme y serio. Al igual que mi desdichado ser, él también prorrumpió en un lamento desbordante:

—Pero tú, Jan, al menos tenías una compañera. Yo no tenía ninguna. Solo esa noche increíblemente hermosa que me dejó boquiabierto. Por supuesto, desde Lo Yang, inmediatamente la cortejaré formalmente y le pediré que venga a mí como mi primera esposa, mi emperatriz, como la luna de mi cielo. Pero el tribunal no me permite ir a Balkh de nuevo. Y puede ser que su gente no la deje ir. Todo es muy difícil. Pasan semanas y meses, y pueden pasar años. Y el agua sigue impulsando el molino.

Su boca se crispó:

—¡Ni siquiera pude hablar con ella!

—¡Perdóname! —exclamé—. No soy digno de ser el esclavo de tu menor siervo. Estaba pensando solo en mí…

—Jan Po —dijo, y al decir estas palabras su mano estaba en mi hombro, la mano de mi príncipe—, no hables así. Recuerda que no solo me serviste, sino que me salvaste, me salvaste para los hijos de los Han. Ni una sola vez hasta ahora, cuando el peligro ha pasado, cuando tu vida vuelve a ser tuya, has pensado en ti. ¡Te quiero, Jan Po!

Bebimos y bebimos. Una vez más, mi alma torturada gritó:

—¡Si el final no hubiera llegado tan repentinamente! ¡Si la graciosa reina de Balkh no hubiera cambiado de opinión!

—Ella tenía razón —dijo con firmeza—. Recuperó su perspicacia de forma noble y magnífica. No podía dejar su trono como un ladrón, como ella decía.

—¡Pero si no hubiera extendido su mano y con una sola y breve palabra me hubiera arrebatado el corazón!

A esto no supo responder.

Más tarde, hablamos más tranquilamente. Me preguntó, como un amigo a otro, qué iba a hacer ahora. Apenas sabía qué decirle. Pero me pareció —sí, ahora es bastante seguro— que no puedo volver a Lo Yang por el momento. No podría vivir con mis familiares como antes.

A esto respondió amablemente:

—Hay suficiente trabajo para ti aquí en la frontera. Ya conoces el país. Hablas sus lenguas extranjeras. Sí, serás un hombre muy valioso aquí. Hablaré con el general Pan Ch'ao sobre ti.

Así me habló mi príncipe.

Han pasado dos semanas desde nuestra llegada al campamento, y el centenar de efectivos aún no ha regresado de T'ai Can. Al principio, después de nuestra llegada, me había preguntado por qué el príncipe no seguía adelante; pero entretanto me enteré de que el general Ch'eng tiene órdenes de mantenerlo siempre bajo su mirada. Esto es cualquier cosa menos una tarea agradable para Ch'eng. Quizá tenga que pagar por ello algún día cuando el príncipe sea emperador. Pero sigue estrictamente sus instrucciones. El príncipe, probablemente, sabe ahora que está siendo retenido. Siempre se nos vigila cuando cruzamos las líneas. Sin duda, se ha producido una discusión entre ambos.

Tomé prestado el *Libro de las Odas* de Ch'eng, pero no puedo concentrar mi mente en él. Yo tampoco sé escribir. Hice un poema para Mosulla, para entregarlo a una de las caravanas de seda que pasan por el campamento todos los días. Puede que le llegue, pero no quiero enviarlo. Estaba escrito a la manera antigua e inhibida, por lo que podría haberla herido, como una vez mis versos hirieron su querida alma. Pero si ella no está conmigo, no puedo sentirme como a ella le gustaría. Ella era mi llama, sin ella mi corazón está completamente roto.

El príncipe dice que este es nuestro momento más difícil. Piensa que el arduo viaje hacia el este será un alivio en contra una vez que estemos realmente en el camino. Y después de eso, se le presiona para que trabaje duro y en serio. Ese es el estado de su alma ahora. Intentamos distraernos persiguiendo a las aves silvestres de la zona y a las ovejas de montaña con grandes cuernos, pero no lo conseguimos del todo. Cuando deambulamos, hablamos entre nosotros, y nuestros pensamientos se mueven siempre en el mismo círculo. Esa es la verdad.

Un soldado me llamó a la tienda del general. Ch'eng sonrió al saludarme:

—El centenar se acerca —dijo—. Un mensajero ha traído la noticia de que se ha unido a ellos un muchacho que no habla chino, excepto su nombre. Siempre pregunta por Jan Po. Por lo tanto, si lo esperas en tu tienda, te lo enviaré en cuanto lleguen.

Mi corazón latía con fuerza. Me apresuré a ir a mi tienda y me puse en la entrada. El chico no había preguntado por Ch'ing, sino por mí. Ha tardado mucho tiempo. Primero los vi cabalgar fatigosamente en una larga fila en el estrecho pasaje bajo el campamento, pero no pude reconocer a nadie. Luego volvieron a desaparecer bajo los árboles, y así no volví a ver nada de ellos durante mucho tiempo, sino que solo oí los sonidos somnolientos del campamento, los relinchos y los pisotones de los caballos, las voces de una tienda vecina y la lastimera melodía de una flauta tocada por un soldado cuyos pensamientos habían vagado por el gran desierto y las altas montañas y el Paso de Jade hasta la tierra que significa el hogar, ciertamente para él, pero, probablemente, nunca más para mí... Entonces, oí los cascos de los caballos en el duro camino que sube por la montaña hasta el campamento. Me quedé quieto y muy erguido. Curiosamente, este es uno de esos momentos que recuerdo con dificultad y que no puedo revivir. No recuerdo en qué pensaba, ni cuánto duró, ni lo que ocurría a mi alrededor. Creo que algunos soldados pasaron junto a mí para ver a sus compañeros que venían a caballo después de esta aventura y para saludarlos. Pero incluso estos detalles ya no están claros en mi mente.

Los sonidos se hicieron más fuertes. Ahora todos estaban dentro del campo. Sabía que cabalgarían hasta las filas de estacas y desmontarían allí, todos los soldados excepto el oficial al mando, que cabalgaría hasta el cuartel general. El príncipe estaba acostado en su tienda. No le había avisado, sino que obedecía ciegamente al general Ch'eng... Llegaron, los cascos zapatearon lentamente, y oí el tintineo de las bridas y los cascabeles. No pude ver las hileras de estacas, pero oí la orden de detenerse y luego los pisotones de muchos hombres desmontados. Estaba cerca de mí, justo detrás de una doble fila de tiendas de campaña. Si Ch'ing y yo hubiéramos estado en una de estas filas y no bajo la mirada de Ch'eng, podría haberlo visto todo.

Ahora aparecieron cuatro caballos, tres montados por oficiales, el cuarto era el semental rojo sangre, y sobre él montaba un muchacho larguirucho y harapiento. Cruzaron la plaza y se detuvieron. Uno de los oficiales desmontó. Esperé y esperé, porque Ch'eng me había ordenado venir aquí. Ch'eng puede sonreír, pero debe ser obedecido. El semental era delgado. No se abalanzó ni se encabritó, solo inclinó un poco el cuello, zapateó inquieto el suelo con una pata delantera y giró su magnífica cabeza hacia su pequeño jinete, casi como si quisiera buscar su aliento. Me hubiera gustado frotarme los ojos. Cómo pudo este chico dominar a ese animal casi salvaje me resultaba imposible. La silla de montar —podía verlo incluso desde esta distancia— era la misma que el príncipe se había puesto a la espalda aquella noche, aquella terrible última noche en Balkh.

Sentí un deseo ardiente de correr a la tienda de Ch'ing y gritarle que el maravilloso semental era nuestro, nuestro y de China, pero el general Ch'eng me había dicho que esperara en mi tienda. Así que seguí esperando.

Finalmente, el oficial apareció y volvió a montar. Muy lentamente, cabalgaron hacia mí. Me quedé clavado en el sitio como un viejo soldado. Se detuvieron frente a mí. El comandante me saludó y dijo:

—Te traigo un mensajero, Jan Po.

Entonces el muchacho se deslizó con gracia de la silla de montar, se quitó una de las alforjas y se postró ante mí. No sin consternación me di cuenta de que no llevaba las riendas ni se las había dado a ninguno de los oficiales, y di un paso hacia el semental. Porque incluso en su estado de agotamiento no era bueno dejarlo suelto en el campamento, ya que conocía demasiado bien su indomable temperamento ardiente. Pero luego me detuve. Pues el animal bajó la cabeza, miró al chico tumbado, agachó aún más su sedosa cabeza y olfateó la ropa sucia del chico. No podía creer lo que veían mis ojos. Los oficiales sonrieron y el comandante dijo amablemente:

—Este chico también domaría un tigre en la selva...

Mi mente quería parar. Todavía estaba el chico con la frente en el suelo, esperando mi orden. Su pelo corto y desordenado estaba sobre su joven y delgado cuello.

—Levántate —dije con una voz que no parecía ser la mía— y entra.

Le precedí hasta la tienda y luego me giré. En algún lugar había visto a este niño antes. De nuevo se postró ante mí.

—Oh, mi señor —comenzó...

Este es otro momento que solo puedo recordar con gran dificultad. Solo sé que estaba temblando como una hoja de sauce. Creo que salté hacia esa figura tan extraña e increíblemente disfrazada, la cogí por los brazos y supe que era Mosulla, mi mujer, mi amada.

Sus lágrimas corrían por mis mejillas mientras se acostaba contra mí. Dijo:

—No debemos pensar en nosotros mismos ahora, oh rey de mi corazón. Debes llevarme hasta tu príncipe.

Lo dijo tartamudeando y se volvió hacia la vieja y polvorienta alforja. Nos reunimos y nos dirigimos a su tienda.

—Rey del mundo —dijo Mosulla, con la frente de nuevo en el suelo—, te saludo.

Su voz profunda y melodiosa tembló y se quebró. Por un momento no pudo continuar. El príncipe había estado sentado en una mesa de madera tosca, con la cara enterrada en las manos. Solo con levantar la cabeza nos invitó a entrar. Ahora miraba a la figura encogida con el rostro de un hombre cuyo espíritu está armado incluso contra los golpes más duros del destino. Era un rostro joven y claro, mostraba imaginación y sensibilidad y un fuerte amor por la vida y la belleza, y, sin embargo, creo que nunca he visto una expresión tan cansada y triste en el rostro de los ancianos o incluso de las ancianas. Me di cuenta de que durante nuestro viaje nunca había apreciado del todo la profundidad de su dolor, y me sentí avergonzado, sí, avergonzado de mi felicidad actual. Al oír sus primeras palabras, él había escuchado con un rápido movimiento de cabeza, y ahora levantó sus ojos interrogantes hacia mí. A modo de explicación, solo pude decir la única palabra: «Mosulla», y perdí el autocontrol.

Entonces, muy amablemente, mi príncipe, se inclinó y le tocó el hombro:

—¡Levántate, Mosulla! —ordenó.

Hizo un intento de obedecer, pero no pudo. Sus lágrimas fluyeron.

—Oh, Rey del Mundo —se obligó a decir—, mi reina te envía su último mensaje en esta tierra a través de mi pobre mano. Sin la sonrisa de tu majestuoso rostro ya no podría vivir. Y a un menor no podía darle su amor.

Había mantenido la alforja cerca de su querido cuerpo, pero ahora se la entregó con sus pequeñas manos, diciéndole suavemente y con voz quebrada:

—El último regalo de mi reina al Hijo del Cielo. Lo entrego por orden de su majestad.

Cogió la bolsa. Era de una tela pesada, y bajo la suciedad y el polvo del viaje pude distinguir uno de los coloridos y ricos dibujos, como sus alfombras. Lentamente aflojó las correas y sacó de ellas un corazón humano encogido.

Inmóvil se sentó allí, y nosotros también estábamos inmóviles. Recuerdo un perro ladrando en algún lugar. A lo lejos, la flauta cantó su pequeña canción de añoranza.

Apretó su corazón contra sus labios, como ella le había enseñado en Balkh.

Cogí a Mosulla y la llevé fuera.

Durante mucho tiempo nos sentamos juntos en silencio en mi tienda, mi amada y yo. Pero más tarde, sus ojos se volvieron melancólicos y dijo:

—Oh, mi amado, ahora te he visto. Sabes que soy tuya. No puedo amar a otro. Estoy contenta. Mañana volveré con mi gente.

Lo dijo tímidamente, y eso me asustó. La abracé y le hablé a la manera de su país:

—Eres mi esposa y permanecerás conmigo, dulce eco de mi corazón.

En So Chü

El príncipe del cielo vino a mi posada. ¡Obedecer sus órdenes es la mayor felicidad de la vida! Y aquí se sentó él a beber conmigo. No adiviné el propósito de su visita hasta que se levantó para marcharse. Luego sacó de una bolsa dos partes de una tablilla de jade en la que se habían cortado los signos de su nombre imperial, y ante mis ojos mantuvo unidos los bordes rotos. Entonces me dio una mitad y me dijo:

—Si llevas esto contigo, amigo Jan Po, nunca podrán negarte el acceso a mí en la corte.

Luego se inclinó y juntó las manos, y así nos despedimos solemnemente, como corresponde a los amigos. Entonces se dirigió al este, a través de las altas montañas y el Paso de Jade, para servir a su pueblo un día como su emperador y rey.

Extracto de una carta a Hsü Shen, escrito en So Chü

Gran parte de todo esto se lo he comunicado a mi venerado padre, pero todavía hay una cosa que puede llenar de aprensión su mente superior. Por lo tanto, mi viejo amigo, te ruego que lo visites en la casa de mis padres y le presentes todo lo que he escrito en su forma perfecta. Creo firmemente que entonces lo sacudirá menos en su amor por mí y en las grandes esperanzas depositadas en mí.

En cuanto a mi carrera, aún no le he comunicado mi ascenso, pero me gustaría encomendarte esta tarea. De este modo, llegarás a él con buenas noticias. Dile que quiero esperar por un informe detallado hasta que tenga todos los detalles emocionantes. Tal vez lo comprenda mejor a través de tus amables palabras que a través de los fríos caracteres de una carta. Mi conocimiento de las lenguas bárbaras de estas tribus occidentales, así como de la geografía de esta región, me permitirá ser de una utilidad nada despreciable para el protector general Pan Ch'ao, y me abrirá la posibilidad de un avance más rápido que si regreso al entorno más familiar, pero también mucho más concurrido, de la corte. Te pido, además, que le digas que he tenido la gran ventaja, aunque inmerecida, de hacer nuevos amigos en lugares muy altos, con cuya ayuda puedo contar en lo que puede ser un futuro difícil.

Cuando sepa todo esto, espero que se tome más a pecho el asunto de mi matrimonio. Es cierto que mi mujer aún no domina nuestro idioma, pero lo capta rápidamente y aprende con entusiasmo. También es cierto que tiene los pies grandes y los extraños ojos redondos del Oeste. Pero debo pedirte que le convenzas de que no he elegido mal ni por debajo de la dignidad de mis antepasados. Debemos esforzarnos por hacerle comprender que más allá del Ts'ung Ling, que solíamos considerar como el límite del mundo, todavía hay poderosos imperios y ciudades brillantes. Mi mujer ha conocido dos culturas a las que la nuestra es solo ligeramente superior. Ha vivido en palacios de mármol y magníficos jardines y ha conocido un esplendor inaudito. Y me gustaría que le aseguraras que es más que una esposa para mí. Es mi compañera y mi amiga. También quiero que mi honorable padre sepa que ha sido la sirvienta de confianza y, puedo añadir, la amiga de una reina. Quiero que sepa eso por encima de todo.

Y dile también que persevero en el estudio de los clásicos; que pienso diariamente en su noble influencia y en los preceptos con los que me educó en la dignidad durante la juventud y me guió durante los errores de mi niñez, y que espero fervientemente alcanzar ese carácter firme y esa reputación virtuosa que puedan aligerar la carga de la edad en su corazón.

«Mejor que el que sabe lo que es correcto es el que ama lo que es correcto; y mejor que el que ama lo que es correcto es el que siente entusiasmo por lo que es correcto». Así lo aprendí en mi juventud según las palabras del Maestro de toda la filosofía. Y es con este espíritu con el que me esfuerzo por dar forma a mi vida a partir de ahora.

Índice

UNA PUERTA ABIERTA AL
PARAÍSO DE LOS SABORES

LOS LIBROS DE LA FRONTERA

2017
140 PÁGS.
PVP: 16 EUROS
SIN IVA: 15,31 EUROS
ISBN: 978-84-8255-163-0
EAN: 9788482551630

Nazanín Aramanian
Al gusto persa

Hace unas dos décadas, entre las ruinas de un palacio al sudeste de Irán, se encontró una de las recetas más antiguas que conocemos, escrita con caracteres cuneiformes, en una vasija de arcilla fechada hace 4.000 años. En ella se leía: Un buen plato es aquel que tiene buen sabor, buen olor y buen color.

De pronto, descubres que los Reyes Magos proceden de Irán, que la Navidad o Natividad era el día del nacimiento del dios iraní Mithra, de que los iraníes, al igual que en diferentes pueblos españoles, una vez al año, celebran las fiestas del fuego y saltan sobre las hogueras, etc.

Desde que llegó a España en 1983, **Nazanin Aramanian** (Irán, 1961), se puso la tarea de dar a conocer diferentes aspectos de la cultura y la política de su país, publicando varios libros sobre dicho tema, además colabora en la prensa sobre Oriente Medio con una mirada fresca y a la vez rigurosa. En esta misma editorial publica, dentro de nuestra colección El Bardo, *Noche en Teherán*, de Forug Farrojzad (Barcelona, 2000). Una de las más relevantes poetisas iraníes. Después dimos a conocer dentro de la misma colección su antología: *El viento nos llevará. Poesía persa contemporánea*, Barcelona, 2001. Segunda edición de este libro, Barcelona, 2006.

CHICONG estética

Chen Guangfu

Técnicas milenarias chinas para la
conservación y recuperación de la
belleza a través de la salud

LOS LIBROS DE LA FRONTERA

2017
68 PÁGS.
PVP: 10 EUROS
SIN IVA: 9,62 EUROS
ISBN: 978-84-8255-001-5

Prof. Chen Guangfu
Chicong estética

El profesor Chen Guangfu nos adentra en la interesante y misteriosa medicina china para mostrarnos una de las técnicas más revolucionarias y antiguas de esa cultura, en el campo de **la belleza** y, a la vez, pues son inseparables, **la salud**. Técnicas que han sido privilegio de reinas, príncipes y gobernantes para mantenerse jóvenes y en forma. Todo el mundo sabe que los líderes políticos en China cada vez tienen la vida más larga, casi todos sobrepasan los 90 años. El secreto es el Chicong. Estas técnicas están expuestas de manera sencilla y con gráficos para una mejor comprensión de los ejercicios. Si los realizamos diariamente, siguiendo los pasos que nos muestra el profesor, en pocos meses notaremos sus efectos. Deseamos de todo corazón que les sean provechosas.

Chen Guangfu nació en China en la ciudad de Tianjin (cerca de Pekín) en 1934. Se graduó en Lengua Española en el Instituto de Lenguas Extranjeras.Se inició en el estudio de la acupuntura en 1969, con un maestro anciano en el campo chino durante tres años, tratando a los enfermos en el área rural. En 1972 regresó a Pekín y trabajó en el hospital Yü Chuan y la clínica Chui We. En 1979 ingresó en la Academia Nacional de Ciencias de China, como especialista en acupuntura.En 1987 se inició en la práctica del Chicong (conocido como yoga chino) y acompañó a su maestro Ma Chun a Tailandia, para curar las infecciones del Primer Ministro, así como familiaresdel rey de aquel país. En 1987 vino a España enviado por el gobierno chino para realizar una gira de conferencias. En 1991 ingresa para trabajar en el Centro de Estudios de Cultura China en Barcelona, comomédico tradicional chino, y continuó impartiendo cursos y dando conferencias por otras ciudades de España.